PROCÈS

DE LA

COMMUNAUTÉ DES DAMES DE PICPUS

SOUTENU

CONTRE MADAME DE GUERRY

———◦I◦———

PLAIDOIRIE DE Mᵉ BERRYER

DEVANT LA COUR IMPÉRIALE DE PARIS.

Audiences des 8 et 15 février 1858.

———

Paris. — Imprimerie de L. MARTINET, rue Mignon, 2

PROCÈS

DE LA

COMMUNAUTÉ DES DAMES DE PICPUS

SOUTENU

CONTRE MADAME DE GUERRY.

PLAIDOIRIE DE M⁰ BERRYER

DEVANT LA COUR IMPÉRIALE DE PARIS.

Audiences des 8 et 15 février 1858.

Je me présente devant la Cour pour madame Aymer de la Chevalerie, supérieure de la congrégation des dames de Picpus, et les sœurs attachées à cette congrégation mises en cause par madame de Guerry. Je demande par mes conclusions, qu'il plaise à la Cour, confirmer purement et simplement la sentence des premiers juges et condamner madame de Guerry aux dépens.

J'espère, Messieurs, vous faire consacrer ces conclusions par un arrêt. J'espère vous démontrer qu'en fait comme en droit, en droit comme en équité, c'est-à-dire aux termes des lois qui nous régissent, aussi bien qu'en vertu des principes éternels de la bonne foi et de l'honnêteté publique, la demande de madame de Guerry doit être déclarée mal fondée et que vous devez confirmer la sentence des premiers juges.

Je m'abstiendrai de considérations générales ; je ne me livrerai à aucune de ces réflexions sévères auxquelles, je l'avoue, je me suis abandonné en première instance. Elles s'élevaient de l'état même du débat alors engagé ; elles ressortaient de la nature de ce procès injuste et peu loyal et surtout du système, des moyens d'attaque qui étaient employés par madame de Guerry contre les compagnes, les sœurs au milieu desquelles, par sa libre volonté, avec persévérance durant trente-cinq années, elle avait vécu d'une vie commune, d'une réciprocité de travaux et de sacrifices. Je m'efforcerai d'être bref ou du moins de donner à cette discussion le moins d'étendue qu'il me sera possible. Mon adversaire peut être rassuré : je repousse profondément ce qu'il a appelé une éloquence qui obscurcit la lumière. Je veux être simple, parfaitement exact. Ce n'est point ici une joûte oratoire, dans laquelle je saluerais bien volontiers l'admirable talent de mon adversaire. Je plaide un procès sérieux ; je ne plaide qu'un procès auquel je veux restituer son caractère; c'est un débat judiciaire, c'est purement une affaire civile.

Avant d'entrer dans la discussion et dans le redressement des faits, je me sens arrêté par les dernières paroles que mon adversaire vous a fait entendre. « Ce n'est pas, vous a-t-il dit, la religion, ce n'est pas la liberté de conscience, ce n'est pas la liberté des associations religieuses qu'on vient défendre ici, c'est la bourse bien garnie que l'on veut garder. Si madame de Guerry perd son procès, elle et les sœurs qui l'ont suivie sous la stricte observance, seront dépouillées de tout, elles seront réduites à rien; et, au contraire, les dames de Picpus seront en possession de valeurs immenses, elles jouiront de près de cinq millions de fortune immobilière. »

Puisqu'il faut tout d'abord apprécier les conséquences du débat que vous allez trancher, je le veux bien, et j'examine quelle est au vrai la position de madame de Guerry et des religieuses, en si petit nombre, qui l'ont suivie.

Madame de Guerry a recueilli la succession de son aïeul, M. le duc d'Avaray, par représentation de madame de Grave sa mère. Elle possède encore tous les immeubles qui lui ont été abandonnés dans le partage de cette succession. Je veux être scrupuleux dans mes affirmations : il y a eu deux immeubles vendus, un pré moyennant 2000 francs et deux pressoirs qui, aux termes d'un contrat dont mon adversaire m'a donné communication, présentait un prix de 1100 fr.; mais la totalité des abandonnements résultant du partage sont encore entièrement en la possession de madame de Guerry; et si je consulte les comptes qui ont été produits par mon adversaire touchant les revenus des biens provenant à madame de Guerry, de la succession d'Avaray, je vois que, depuis vingt années, la moyenne de ces ces revenus représente de 22, 23, 24 à 26 mille francs par an.

Voilà pour la succession de l'aïeul.

Dans la succession de madame sa mère, madame de Guerry a été appelée à recueillir peu de droits immobiliers, puisque madame de Grave n'avait pas hérité de son père, M. le duc d'Avaray, mort longues années après elle : mais madame de Grave avait chargé son fils de payer à madame de Guerry une somme de 100,000 francs. Aujourd'hui madame de Guerry est créancière, par la succession de madame de Grave sa mère, d'une somme de 160,000 francs, dette reconnue par un contrat du 15 janvier 1855, et cette somme comprend le capital et les arrérages accumulés depuis de longues années. Madame de Guerry a donc la totalité de ce qu'elle a recueilli dans la succession de sa mère.

Madame de Guerry a été appelée à une troisième succession : nous verrons *comment*. D'après le testament du comte de Guerry, son beau-père, elle a dû jouir d'un immeuble dont on a beaucoup parlé, l'immeuble *du Gros-Chêne*; il est vrai qu'elle ne le possède plus. Savez-vous quelle était l'importance de cet immeuble? C'était un immeuble d'un revenu de 100 francs, consacrés à payer des messes pour le repos de l'âme de M. de Guerry !

Madame de Guerry avait en outre des usufruits qu'elle a cédés à un de ses parents, M. de Bruck, non pas pour un capital qui serait entré dans cette communauté absorbante, mais moyennant une rente viagère dont elle jouit et qui s'élève à une somme de 9000 francs. Je sais bien que dans la fortune que lui a léguée M. de Guerry il est entré d'autres valeurs, des *indemnités*, mais j'aurai à expliquer à la Cour quelles ont été ces indemnités et quel a été leur *sort*.

Ainsi, dans la succession de son père ou par le testament de son beau-père, elle a gardé, sauf la terre du Gros-Chêne rapportant 100 francs, la valeur des usufruits au moyen de la rente viagère de 9000 francs par an, dont lui est encore débiteur M. de Bruck; outre cela (il faut faire le compte complet), madame de Guerry jouit encore de quelques petites rentes, d'une rente de Chanvelin de 850 francs, si je ne me trompe, d'une rente Biaucourt dont je ne me rappelle pas le chiffre, très peu élevé du reste. Elle a la jouissance de quelques actions Lafarge produisant de 4 à 500 francs, je n'en sais pas bien le montant. Enfin elle a en sa possession, comme nous le démontrerons, des rentes sur l'État dont le chiffre est important et qui doivent représenter des indemnités recueillies dans la succession de son père.

Voilà donc cette femme dépouillée, dont la fortune entière a été absorbée par les accaparements d'une congrégation religieuse! Voilà sa situation personnelle, la fortune de son aïeul, la fortune de sa mère, la fortune de son beau-père et ces valeurs inconnues, inscriptions de rentes sur l'État et autres.

Ce n'est pas tout, madame de Guerry a encore, comme copropriétaire, des éventualités. Elle les a quelquefois avec une seule religieuse, dans d'autres cas avec deux, dans d'autres cas avec trois. Elle se retire loin de nous, elle se sépare avec la chance d'être par gain de survie, unique propriétaire des établissements que voici : d'une maison à Tours; de l'établissement de Chatellerault; de l'établissement de Nantes, en tiers avec madame de Gouvello et madame de Constant; de l'établissement de Chartres, de moitié avec madame Eudoxie Coudrin; et de deux maisons à Paris ainsi que des terrains qui en dépendent.

Bref, elle a des éventualités par titres de propriété qui s'élèvent à la somme de 338,000 francs en ne comptant que les prix d'achats. Elle a des immeubles qui reposent sur sa tête au moment où elle se sépare de nous, au moment où elle déclare rompre tout lien avec la congrégation.

Et elle est dans le dénûment, elle est victime de la spoliation, dans la situation que je viens de vous rappeler, avec ces éventualités de partages, de survivance, avec ces propriétés, ces valeurs considérables dont les prix d'achat ne s'élèvent pas à moins de 338,000 fr. !

Ce n'est pas tout encore : il ne faut pas voir madame de Guerry isolée. Mon adversaire vous l'a dit : quelques sœurs l'ont suivie dans sa retraite volontaire; j'ignore quelle est la position de ces sœurs dans leur fortune personnelle. Je vois que madame Célinie de Constant, qui est auprès de madame de Guerry, a, en son nom seul, la maison de Paris où on veut établir la nouvelle communauté, la maison de la *Trinité*; madame Célinie de Constant partage aussi des éventualités sur les maisons de Chatellerault, de Nantes et de Rennes.

Une seconde compagne de madame de Guerry, c'est madame Constance Jobert. Madame Constance Jobert possède en son nom seul, et sur sa tête, le droit de propriété de l'établissement de la Verpillière. C'est en son nom seul aussi, là il n'y a point de chance de survivance, qu'est à Tours une maison qu'on appelle la maison Brécard.

Voilà donc la situation de celles qui se disent expulsées, et certes, il m'est permis d'affirmer qu'elles sont mal venues à crier à la spoliation.

Cependant que veulent-elles celles au nom desquelles on plaide contre l'illégalité, et en quelque sorte l'immoralité de l'existence des congrégations religieuses, quand l'autorisation du gouvernement n'a pas été sollicitée? que veulent-elles en se séparant? Elles veulent former une *congrégation nouvelle*. Mais alors, demanderez-vous l'autorisation du pouvoir civil? mais avant de demander l'autorisation du pouvoir civil, vous vous serez sans doute soumises à la juridiction de l'ordinaire; vous vous serez sans doute soumises à l'obéissance envers l'archevêque de Paris, obéissance à laquelle vous vous êtes soustraites, contre laquelle vous protestez et vous agissez tous les jours? Non-seulement vous êtes en lutte contre l'épiscopat français, mais même contre l'autorité du saint-père.

Quoi qu'il en soit, je m'attache en ce moment à répondre aux dernières paroles de mon adversaire, pour que la Cour apprécie bien la position respective des parties qui sont devant elles; je me suis expliqué sur celle de madame de Guerry et des sœurs qui l'ont suivies dans la maison de la Trinité.

J'examine maintenant la position des membres de la communauté qu'elles ont quittée. L'état personnel de cette congrégation, je l'établirai d'après un document bien authentique; c'est le rapport de monseigneur d'Arras, en sa qualité de visiteur apostolique, et ce rapport est à la date du 18 mars 1853. Qu'est-ce que j'y lis?

« La congrégation des dames de l'Adoration perpétuelle des Sacrés-Cœurs de Jésus et de Marie établie à Picpus (c'est là qu'est la maison principale), possède en France vingt-quatre établissements. Il y a dans le sein de la congrégation 1315 religieuses, c'est-à-dire 698 religieuses de chœur, 500 et tant de sœurs converses, 101 novices. (1315! dont 21, aujourd'hui séparées, font cause commune avec madame de Guerry.) Dans les vingt-quatre maisons, il y a 4203 enfants élevées, 2400 gratuitement, et 2097 externes, 816 pensionnaires. »

Voilà l'état de la congrégation en présence de la petite section établie maison de la Trinité, rue de Douai, sous la direction de madame de Guerry. Avant de parler de cette immense fortune immobilière de cinq millions, il faut nous rendre compte de ce qu'était l'opulence de la communauté, le 19 décembre 1853, jour où madame de Guerry s'en est séparée avec quelques autres sœurs. Le compte a été établi par madame de Guerry, qui était économe de la maison principale, et, vous le verrez, l'administratrice générale de toutes les communautés, depuis un grand nombre d'années.

Il y avait en caisse 2528 fr. 65 cent.; une inscription de rente nominative de 1177 francs, un livret de la caisse d'épargne de 22 fr. 60 cent., une inscription au porteur de 489 francs.

Voilà le fonds commun de la fortune mobilière qui restait au moment du départ de madame de Guerry. Ce compte est établi en présence de monseigneur l'évêque d'Arras; il est signé par lui, aussi bien que par la supérieure générale de Picpus et par madame de Guerry elle-même. Je dois ajouter encore une petite partie d'actif au profit de cette communauté si nombreuse; cette partie d'actif est, il est vrai, bien incertaine. En voici l'état dressé, au moment de la séparation, par madame de Guerry, et qui est intitulé : « Reste de compte qui ne sera probablement jamais payé et s'élevant à 50,000 francs dus par les parents des élèves. » C'est madame de Guerry qui l'écrit elle-même. Voilà pour la fortune *mobilière*.

Arrivons maintenant à la fortune *immobilière*.

On a dressé, Messieurs, un état qui est sous les yeux de la Cour, intitulé : « Fortune immobilière de la communauté de Picpus. » La valeur des établissements appartenant à cette congrégation est portée à 5,295,000 francs. Il est bon d'examiner s'il n'y a pas eu une inconcevable exagération dans cette évaluation.

J'ai en première instance écrit à un avocat dont le nom m'est connu, qui habite Mende et pouvait me donner des renseignements sur la valeur de l'établissement de cette ville. Il m'a répondu, je ne me suis prévalu en première instance que de sa réponse qui me déclarait qu'à dire d'expert, l'établissement pouvait bien avoir une valeur de 40 et quelques mille francs, au lieu de 377,000 francs pour laquelle il est porté dans cet état de l'évaluation de la fortune immobilière. Mais depuis nos débats en première instance, j'ai un document plus positif ; il émane de madame de Guerry elle-même, et quels que soient les documents à l'aide desquels on a cru devoir porter à plus de 5,000,000 la valeur des immeubles que détient la communauté ; quels que soient, dis-je, les documents à l'aide desquels on a trouvé ce gros chiffre, voici la fixation de la valeur de la maison de Mende faite par madame de Guerry. Comment ai-je ce petit papier que je tiens à la main ? C'est par hasard ; c'est en fouillant dans les recoins les plus cachés et les plus abandonnés de la communauté que nous trouvons des lambeaux de papier pour arriver à discuter les allégations de madame de Guerry. Celui-ci donc a été retrouvé, le voici.

« Peu de maisons, je lis ce qui est écrit par madame de Guerry, peu de maisons ont de la valeur considérées comme propriétés.

» 1ᵉʳ Établissement de Poitiers fondé en 1801. Il se compose d'abord d'une maison achetée 30,000 francs. Les frères s'établirent quelque temps après dans une maison appartenant à madame Aymer de la Chevallerie. Depuis on a beaucoup bâti et acheté. Cet établissement peut valoir, valeur approximative, 160,000 fr. » Or il a été porté plus tard à 705,000 francs. Pour Mende, madame de Guerry dit : « Cette maison a été fondée le 30 juillet 1802. Le prix de l'immeuble est de 44,040 francs. On y a construit pour environ 60,000 francs, total 104,040 fr. » Dans l'état qu'on produit on l'évalue 377,000 francs.

Le tableau dont je ne détache que deux maisons est complet ; toutes les propriétés de la congrégation y sont portées par madame de Guerry et toutes avec des valeurs qui sont démesurément inférieures à celle de l'établissement de la fortune que l'on met sous les yeux des magistrats.

Selon madame de Guerry toutes ces propriétés ne s'élevaient pas à 2,000,000 de valeur, non pas seulement à raison des prix d'acquisition, mais à raison aussi des accroissements successifs, des constructions. Ainsi Mende n'a coûté que 40,000 francs mais on y a fait des dépenses pour 60,000 francs, pour le rendre propre à l'habitation des dames religieuses. Je ne conteste rien là-dessus, j'admets les évaluations de madame de Guerry, encore bien que dans beaucoup de cas il soit évident qu'elle s'exagère la valeur des constructions. J'admets tout cela et il restera que c'est de plus de 3,000,000 qu'aujourd'hui, pour le procès, madame de Guerry exagère la valeur des immeubles.

Je dois rappeler à la Cour que madame de Guerry, lorsqu'en 1847 elle voulait soutenir devant le visiteur apostolique que la communauté était en fort bon état et qu'elle donnait l'évaluation, disait dans son rapport à monseigneur de Besan-

« Nos établissements ont une valeur de plus de 2,000,000. »

Mais ce n'est pas tout : Qu'est-ce que la valeur des immeubles? C'est une valeur improductive.

A quoi servent, en effet, ces maisons, ces jardins, ces cours? A loger de pauvres enfants. Plus de 4000 pensionnaires ou externes y sont reçues gratuitement.

« Non, s'écrie mon adversaire, ces établissements ne sont pas improductifs, il y a des revenus et des revenus énormes; car si j'examine les comptes que rendent tous les établissements, chacune des maisons particulières de la communauté à la maison principale, je vois que chaque année il y a un bénéfice, que toutes les maisons sont des propriétés productives. »

Productives par le travail, oui. Mais il ne faut pas croire que le peu qui reste à la fin de chaque année soit le produit des bénéfices réalisés dans les maisons; il y a beaucoup d'âmes chrétiennes qui s'intéressent à la congrégation de Picpus, qui lui donnent des secours; ces secours sont compris dans les recettes annuelles, et voilà ce que mon adversaire appelle le produit des valeurs immobilières.

Madame de Guerry conviendra bien que les sœurs au milieu desquelles elle a vécu n'exploitent pas la situation financière opulente qu'on leur attribue et ne se prodiguent pas dans la vie beaucoup de satisfactions particulières. Elle sait, comme elles, ce qu'à cet égard prescrit le vœu de pauvreté. Entrez dans ces maisons où les enfants pauvres sont recueillis, où l'instruction est donnée, où tous les efforts charitables sont faits par des femmes dévouées, et voyez ce que ces femmes accapareuses comme on vous le dit, ce que ces spoliatrices font pour elles-mêmes. Entrez dans leurs cellules, voyez leurs lits sur lesquels il n'y a pour coucher que de la paille. Allez à leur table, voyez leur nourriture grossière, voyez leurs vêtements, leur drap de bure, leurs chemises de laine, partout vous trouverez la plus grande austérité, les plus grandes privations, sans parler des macérations qu'elles s'imposent, et cela pour quoi faire? Pour prier Dieu, pour adorer l'eucharistie, pour prodiguer leurs soins à l'enfance, pour diriger, pour étendre l'éducation des enfants pauvres autant qu'il peut dépendre d'elles. Oui, elles ont un zèle ardent dans ces macérations, dans ces privations, mais c'est là tout ce qu'elles ont; leur récompense n'est pas de ce monde. Voilà, Messieurs, ce qu'on appelle une communauté dans l'opulence, jouissant de revenus immenses, possédant des immeubles pour 5,000,000 qui sont le résultat des spoliations dont cette communauté s'est rendue coupable.

Mais enfin arrivons, puisque vous le voulez, aux conséquences du procès.

Je suppose que madame de Guerry gagne ce procès : ce sera la dissolution, la liquidation de la communauté ou le payement pur et simple des 1,200,000 fr. qu'elle prétend lui être dus. Quelle sera la conséquence de cela? On vendra les immeubles, on fermera les maisons ; les sœurs que vous, madame de Guerry, vous avez appelées pendant trente-cinq ans à la congrégation, à venir partager vos efforts, vos travaux, à s'asseoir à votre table frugale, à se couvrir de vos vêtements de bure, à se soumettre aux privations, aux macérations auxquelles votre règle vous condamne, ces sœurs auxquelles vous aviez promis un asile et un avenir, elles vont être sacrifiées; leur existence personnelle va être brisée; où iront-elles? Où se réfugieront-elles? Et je ne parle pas de l'éducation des enfants.

Mais enfin, Messieurs, si sa demande est fondée, quelques déplorables conséquences que puisse avoir le gain de ce procès, déplorables pour elle-même, pour ses propres sentiments, car ses vrais sentiments seraient brisés, seraient froissés par la dissolution de l'institution qui lui fut chère, si la demande est fondée, il faut que ces résultats arrivent. Examinons donc si, en effet, il y a au fond quelque droit dans la prétention de madame de Guerry, si cette prétention peut être accueillie. Il va falloir dire ce qu'est la communauté de Picpus, comment madame de Guerry y est entrée, comment elle en est sortie. Je suis même obligé, et je ne suis pas téméraire en le disant, de scruter ses véritables motifs. Elle nous dit que c'est sa foi qui l'oblige à se mettre dans cet état de séparation; qu'elle est ainsi fidèle, en luttant contre tout le monde, à son vœu d'obéissance; qu'elle est fidèle à sa règle. Il faut examiner ces points, au moment où madame de Guerry sort d'une association dans laquelle elle est entrée librement, avec un ardent désir d'en faire partie. Lorsqu'elle en sort j'ai à examiner si elle le fait dans les conditions du devoir, c'est-à-dire dans les termes des articles 1869 et 1870 du Code civil. C'est là la carrière qu'il faut que je parcoure devant vous.

Et d'abord pour examiner la situation vraie de madame de Guerry, les motifs réels de sa rupture et de sa sortie de l'association, il faut bien nous rendre compte de ce que c'est que l'établissement de Picpus. Ici je vais être obligé de dépouiller la cause de madame de Guerry de ce manteau superbe, de cette enveloppe de sentiments pieux dont on l'a parée; il faut pour pénétrer au fond faire tomber ces protestations de fidélité à la règle, d'obéissance scrupuleuse à la règle, à la pensée des premiers fondateurs. Qu'est-ce, en effet, que cette règle depuis le premier jour jusqu'au jour où nous sommes?

L'établissement de Picpus remonte à une époque de grande calamité publique. En 1794, dans le court intervalle du 14 juin au 27 juillet, 1300 victimes tombèrent sur l'échafaud de la République: elles furent toutes ensevelies dans un petit coin de terre presque en dehors de Paris, en un lieu qui était un petit village suburbain appelé Picpus, étroit espace de terre où ces victimes furent amoncelées au pied du mur d'un enclos, qui avait appartenu, autrefois, aux chanoinesses de Saint-Augustin. Une femme admirable, madame Hoenzolern, vit monter son frère sur l'échafaud; elle eut le courage de voir tomber sa tête; elle suivit l'horrible charrette qui portait ses débris au lieu où on devait les déposer. Elle reconnut le terrain où les victimes étaient entassées; elle l'acheta et l'entoura de murs. D'autres femmes pieuses se réunirent à elle, et on acheta les terrains voisins, les jardins des dames Augustines. Il y avait là une maison en ruines, elle fut remplacée par une chapelle. Bientôt, en 1801, il s'ouvrit à Paris, très publiquement, une grande souscription par le concours des familles qui avaient tant de victimes à déplorer, et une maison fut bâtie pour y loger des prêtres qui feraient un service expiatoire perpétuel dans ce lieu de désolation.

En ce moment même, pendant qu'on faisait cette souscription publiquement ouverte à Paris, chez Lherbette, notaire, à Poitiers se rencontraient deux personnes des plus honorables, M. l'abbé Coudrin et madame Aymer de la Chevalerie; toutes deux d'une religion sincère, d'une foi profonde, d'une charité ardente étaient pressées par la même douleur, le même désespoir en souvenir des calamités qui avaient pesé sur la France, et des affreux malheurs qui avaient frappé les membres de leurs familles. Elle conçurent alors la pensée, qu'après cet effroyable égarement des esprits, ce désordre de toutes les idées, il fallait des victimes expiatoires; il fallait demander grâce au ciel des forfaits qui avaient été commis sur la terre; il fallait une intercession perpétuelle pour la réparation de nos erreurs, de nos folies publiques; et alors elles conçurent la pensée de fonder une congrégation où la vie entière de Notre-Seigneur Jésus-Christ serait représentée par des frères et des sœurs, des frères représentant la vie active, des sœurs représentant la vie charitable, l'enseignement. La congrégation fut fondée à Poitiers sous le nom de frères zélateurs et de sœurs zélatrices. Tel fut le berceau de la congrégation dont nous nous occupons aujourd'hui.

Les zélateurs et les zélatrices se multiplièrent bientôt. L'établissement de Poitiers ne suffisait plus pour renfermer les personnes qui partageaient les sentiments de l'abbé Coudrin et de madame Aymer de la Chevalerie. On songea alors à transporter à Paris la maison principale de cette congrégation naissante. Les zélateurs et les zélatrices vinrent donc dans cette ville, et connurent la fondation pieuse de Picpus. L'idée d'une association leur vint; ils en firent la proposition: elle fut accueillie le 22 pluviôse, an XIII. Les représentants de l'association de Picpus, étaient messieurs de Montmorency, de Nicolaï, de Boville, Philippe Gilbert de Lafayette, madame de Bernier, madame de Chazot, M. Philippe-Louis de Noailles, prince de Poix, qui firent bail de la maison de Picpus à madame Aymer de la Chevalerie; ce bail a été fait pour trente ans; il a été renouvelé depuis, et c'est en vertu de ce bail, de ce bail seulement et à titre de locataire que la communauté de Picpus occupe à Paris sa maison principale. Les frères, sous la direction de l'abbé Coudrin, firent acquisition, je n'ai pas sous les yeux le contrat, d'une maison qui était voisine de celle louée aux sœurs et que celles-ci habitent encore à titre seulement de locataires.

M. l'abbé Coudrin et madame Aymer de la Chevalerie s'établirent donc à Paris. Durant seize années, il n'y eut point de règle. Vous verrez dans les écrits et surtout dans les premiers écrits publiés à l'occasion de ce procès, qu'il est confessé que, depuis 1800 jusqu'en 1816, la volonté du fondateur et de la fondatrice était la seule règle, la seule loi de toutes les personnes qui étaient entrées dans la congrégation. Seize années se sont donc écoulées sans qu'il existât aucune règle écrite.

En 1817 l'établissement avait reçu des développements; beaucoup de maisons, avant qu'il fût question de madame de Guerry, avaient été acquises par M. l'abbé Coudrin et par madame Aymer de la Chevalerie. Et enfin, en 1817, on dresse des statuts qu'on soumet à l'approbation de la cour de Rome. C'est alors que la règle dont on a tant parlé prend naissance; elle est approuvée et confirmée par une bulle qu'on appelle Bulle *Sub plumbo; Pastor æternus...* ce sont les premiers mots de la bulle. Désormais il ne s'agit plus de zélateurs et de zélatrices, la communauté va prendre un titre nouveau, et par la volonté du saint-père, elle s'appelle congrégation de l'Adoration perpétuelle des Sacrés-Cœurs de Jésus et de Marie. C'est précisément à cette époque de 1817, que madame de Guerry se rapproche de la congrégation; mais il est certain qu'avant la bulle qui a consacré la règle, madame de Guerry était déjà en relation avec madame Aymer de la Chevalerie. Cela résulte pour moi de quelques lettres; toutefois je n'ai pas de preuve suffisante de l'époque à laquelle ces relations ont commencé. Je la prends donc en 1817.

Quelle était alors madame de Guerry? Madame de Guerry avait perdu son mari en 1815 dans les guerres civiles. Madame de Guerry avait vu après peu d'années de mariage tomber son mari dans une de ces luttes fatales que Napoléon appelait des « combats de géants, » mais enfin au milieu de ceux qui défendaient la cause royale, et qu'au nom de madame de Guerry, on appelait à la dernière audience « les bandes royalistes. »

Madame de Guerry était d'une piété sincère, d'un grand zèle de propagande, d'une grande ardeur qu'excitaient encore les malheurs de sa famille. Connaissant l'esprit de l'institution de Picpus, connaissant les sentiments qui avaient animé M. l'abbé Coudrin et madame Aymer de la Chevalerie, elle déployait une ardeur inconcevable à appeler dans la ville de Rennes, où elle vivait auprès de son beau-père et de sa belle-mère, une partie de la congrégation de Picpus. Elle sollicite, elle supplie madame Aymer de la Chevalerie de venir s'installer en Bretagne, à Rennes, où seule elle faisait partie de la congrégation. Rien ne peut être comparé à son zèle, à ses efforts de cette époque. Vous verrez une lettre qu'elle écrivait à la fin de cette année, au mois de novembre. Mais enfin au moment où elle pressait ainsi madame Aymer de la Chevalerie de venir à Rennes, de quoi était-elle occupée? Elle était occupée conjointement avec d'autres dames d'une maison de retraite; elle était présidente ou vice-présidente d'une société dite des *Filles de la Providence*.

Sa fortune à cette époque n'était pas considérable. Elle n'avait hérité ni de sa mère ni de son aïeul. Ses jouissances personnelles étaient donc extrêmement bornées; mais cela n'arrêtait pas son zèle très sincère pour fonder des établissements partout. Elle dit dans une de ses lettres : « Je voudrais que ma fortune tout entière fût absorbée à multiplier ces établissements. » Madame de Viart, qui fut supérieure plus tard, l'a bien connue. Elle a dit d'elle : « C'est un esprit aux grandes entreprises. » Madame de Guerry dit elle-même dans quelques-unes de ses lettres que cet amour de ces établissements était tel pour elle qu'il la détournait de la prière et de l'adoration. Enfin il paraît que vers la fin de 1819, après avoir appelé madame Aymer de la Chevalerie à Rennes et y avoir fondé un établissement, madame de Guerry fit ses vœux : vœu de pauvreté et vœu d'obéissance envers la supérieure, mais elle ne fut aucunement soumise à la règle durant quatre années ; elle vivait dans le monde. Elle était considérée comme sœur, mais complétement étrangère au régime de la maison. Elle était chez son beau-père et sa belle-mère, M. et madame de Guerry. Sa belle-mère meurt en 1822. En 1823 madame de Guerry amène son beau-père à Paris. M. le comte de Guerry est logé dans une des dépendances de la maison de Picpus. Il y vient avec ses équipages, ses chevaux, ses domestiques. Madame de Guerry était auprès de lui. A cette époque de 1823 se soumettait-elle à cette règle qui lui est si chère qu'elle voudrait en la serrant sur son cœur aller expirer aux pieds du saint-père? Y était-elle soumise? Je l'ignore. Elle est restée auprès de son beau-père, en apparence dans le monde jusqu'en 1831.

Quant à la règle, en 1819 un chapitre des sœurs avait été tenu et y avait apporté des modifications. Un autre chapitre avait été tenu en 1824. C'est ce qu'on a appelé la confirmation de la règle dans une décision approuvée par un décret apostolique de 1825. Voilà ce qui s'est passé de 1818 à 1831 et quelle a été la position de madame de Guerry.

L'institution a été organisée en une seule communauté divisée en deux branches, la branche des frères missionnaires et la branche des sœurs institutrices, tous dévoués à l'adoration perpétuelle. Séparation pour le temporel entre les sœurs et les frères ; chacun garde les propriétés qui lui appartiennent. Tous sont placés sous l'autorité du supérieur général. Voilà l'institution.

En 1834, madame Aymer de la Chevalerie meurt ; madame de Viart est nommée supérieure générale. En 1837, le 27 mars, M. l'abbé Coudrin, fondateur, expire aussi. Il va falloir nommer un autre supérieur général, c'est-à-dire un autre chef spirituel de toute la congrégation, à qui, par le vœu d'obéissance et conformément aux règles, en toutes choses spirituelles la soumission est due.

C'est alors, Messieurs, que se trouvait en Orient, y ayant établi une école française, monseigneur Bonamie. Il était parti de France en 1823 et il était alors à Smyrne ; il était archevêque de Smyrne. C'est là qu'il reçoit, après quatre années et plus d'absence de France, la nouvelle qu'il a été nommé supérieur général de la congrégation de Picpus. Je n'ai pas à répondre à des attaques bien vives, à des apostrophes, je ne dirai pas peu respectueuses, mais pas du tout polies qu'on a adressées à monseigneur Bonamie. Je ne veux pas attaquer, je ne veux que me défendre et faire remarquer que, quand on accuse un homme de tant d'esprit d'intrigue, il est curieux qu'il ait été choisi pour être supérieur général au moment même où il était en Orient, où il était occupé à lutter contre les écoles protestantes anglaises et à obtenir l'ascendant de la nation française au milieu des Maronites. C'était là sa vie, sa situation, lorsque quatre ans après il est rappelé pour être supérieur général des communautés de Picpus. Une élection ainsi faite est loin de se prêter au reproche d'intrigue adressé à ce prélat.

Il est nommé ; il arrive à Bordeaux d'abord, puis enfin il vient à Paris. A Paris, supérieur général (on en a fait pour lui un tort), il a soin d'examiner l'état de la congrégation qui avait pris de grands développements. Il reconnaît qu'il existe des dettes grevant la communauté. En effet, indépendamment des réductions à faire sur l'évaluation de l'actif de la communauté, il faut tenir compte de dettes dont elle était chargée, dont elle est chargée encore et qui nécessiteraient la vente de tous les biens, si madame de Guerry obtenait contre elle une condamnation à 1,200,000 francs. Le nouveau supérieur général croit que l'omnipotence laissée aux sœurs pour l'administration des biens qui leur appartiennent présente des inconvénients ; il conçoit le dessein d'introduire des réformes dans le système d'administration suivi jusque-là. Je n'entends pas prendre ici la défense de monseigneur de Chalcédoine, bien qu'il me fût facile de le faire, si j'avais l'honneur d'être son avocat, mais cela n'est pas nécessaire à la cause et je ne veux pas inutilement fatiguer la Cour de toutes les plaintes qu'a suscitées, dans une longue lutte, l'emploi de moyens qui peuvent paraître avoir été quelquefois excessifs, auxquels il s'est cru obligé de recourir pour se faire obéir. Quoi qu'il en soit, cette lutte devenue très vive, très ardente, fut déférée au saint-père. Voyons ce qui a suivi.

En 1838, je vois que les sœurs elles-mêmes ont pris l'engagement, par leurs votes au moins, d'apporter des changements à cette règle inviolable et sacrée. Ce fait de changements ne peut pas être nié ; il est avoué d'une certaine façon par madame de Viart, dans une lettre que nos adversaires ont imprimée et que je demande à la Cour la permission de lui lire :

« 1843, 13 octobre.

Madame de Viart à une sœur.

» Vous dites que nous avons voulu changer de règle à notre chapitre de 1838. J'ai déclaré à Monseigneur, au commencement du chapitre de cette année, que nous reconnaissions nos torts, moi la première, d'avoir touché un peu à ces règles, qui doivent être sacrées pour nous ; mais j'en ai donné les raisons. L'habitude de respecter nos pères et nos frères, et d'y avoir la plus grande confiance, fit que plusieurs, entraînées, firent quelques propositions de changements..... Moi-même je croyais que nous n'usions que du droit que nous donne l'article 11 du chapitre 3, de faire des règlements sur les choses que les constitutions n'avaient point prévues. Mais nous fûmes trop loin, et l'expérience et l'exemple des autres ordres religieux nous ont instruites. Grâce à Dieu, le Saint-Esprit n'a pas permis que Rome ait approuvé ce que nous avions malheureusement fait. »

Ainsi il y a eu, en 1838, une modification quelconque à la règle ; je n'en cherche point l'importance. Postérieurement et peu après en 1840, dans cette congrégation composée de deux branches, les sœurs et les frères, ainsi que je viens de le dire, la règle des frères est complétement modifiée ; on a reconnu la nécessité de le faire. Un décret du 22 août 1839, confirmé par un bref apostolique du 21 mars 1840, réforme d'une manière complète la règle des frères. A ce moment où la règle des frères reçoit sa réforme, les gémissements, les plaintes et les réclamations des sœurs se font entendre pour que rien ne soit changé à leur règle, pour que l'indépendance dont elles jouissent dans leur propre administration demeure entière, pour qu'aucune modification ne soit apportée à l'ordre d'élection. Et ceci était grave, car, d'après les règles anciennes, la supérieure générale nommait l'économe de la communauté, une prieure, les supérieures locales, la sœur vicaire ainsi que les sœurs qui devaient entrer dans son conseil et composer le chapitre chargé de procéder aux élections. Eh bien ! monseigneur de Chalcédoine, qui trouvait que l'organisation et l'administration étaient mauvaises, avait voulu y porter remède. Il y avait dans sa pensée un vice essentiel. Il était évident pour lui que l'élection était une fiction, puisque c'était par des personnes toutes nommées par la supérieure elle-même que ces élections devaient avoir lieu. Les sœurs se récriaient beaucoup. A Rome, le saint-père voulait tout pacifier. Et en conséquence il ne dit pas, comme on l'a prétendu, qu'il ne serait rien changé, mais, par un bref de 1841, il dit qu'il n'y a rien à changer, *quant à présent*, à la règle des sœurs. Ainsi en 1840 la règle des frères est changée, mais en ce qui concerne la règle des sœurs, il est déclaré qu'il n'y a rien à changer quant à présent : *Nihil innovandum in præsens.* En 1845 paraît un rapport de monseigneur l'évêque de Chartres qui avait été nommé visiteur apostolique par le saint-père, au moment où il disait : *Nihil innovandum in præsens.* « il n'y a point quant à présent de changements à faire. » Cependant il donne une mission à monseigneur de Chartres ; et monseigneur de Chartres, après avoir examiné la règle et l'organisation de la communauté n'était pas d'avis de l'immutabilité. Je vois une lettre de lui à la date de 1845, dans laquelle il disait :

« Je crains bien que la séparation absolue des frères et des sœurs ne devienne nécessaire. »

Je lis dans une autre lettre de lui du 13 juillet 1850 :

« La séparation des frères et des sœnrs serait, ce me semble, la seule planche de salut dans le naufrage. »

Ainsi le visiteur apostolique nommé au moment où le pape disait : « pas de changements quant à présent, » était d'avis au contraire qu'il y avait de grands changements à faire.

Monseigneur l'évêque de Chartres, qui joue un grand rôle dans cette affaire, était un prélat très respectable, je m'empresse de le reconnaître, mais de l'esprit le plus absolu qu'il fût possible de rencontrer ; c'était un homme plein de dignité, mais jaloux de son autorité épiscopale, et poussant très loin cet esprit d'autorité. Dans les visites qu'il fait en vertu du pouvoir qui lui est confié par le saint-père, il rencontre un supérieur général, qui est un archevêque. Son esprit ardent, jaloux du pouvoir (c'était un vertueux prélat, on ne peut pas lui contester cette qualité) se met en lutte avec l'archevêque de Chalcédoine, et il accuse, vous le verrez, dans des lettres qu'il avait demandé de considérer comme absolument confidentielles, il accuse cet archevêque en termes amers. Il engage une sorte de lutte de supériorité sur l'archevêque de Chalcédoine. Cette jalousie de son pouvoir et de son autorité. monseigneur de Chartres l'avait à l'égard de tous ; car vous trouverez dans la brochure que vous avez sous les yeux deux lettres qu'il écrit à l'archevêque de Paris et dans les termes les plus énergiques du monde. Il lui reproche de s'être mêlé des affaires de la communauté de Piepus de manière à atteindre une maison qui fait partie de son diocèse, qui est sous sa juridiction épiscopale. L'apostrophe est des plus dures et tout cela fait que dans mon opinion sincère, très franche, je n'ai pas attaché une grande autorité moralement à tout ce qui a été imprimé des écrits plus ou moins confidentiels, plus ou moins expansifs de monseigneur de Chartres. Il dit lui-même, dans une lettre en parlant de lui : « ardent et peut-être emporté ; » c'est lui qui parle ainsi et c'est vrai. Et enfin, dans une autre lettre adressée au père Hilarion le 27 juin 1852, il écrit « Je n'ai su que vaguement les intrigues et les agitations qui troublent votre compagnie. » Passons donc : pour appuyer les résistances, pour soutenir la lutte dans laquelle madame de Guerry s'est engagée plus activement que jamais. avant de faire le procès actuel, mettons de côté, et je crois que nous en avons le droit, l'opinion et les apostrophes qui ont pu être produites par monseigneur de Chartres.

Quoi qu'il en soit, en 1850, et je ne parcours ces faits que pour faire voir toujours ce que c'est que le sentiment d'attachement à la règle ébranlée par l'opinion de tout le monde, vous voyez l'opinion du saint-siége et celle de monseigneur de Chartres qui veulent rompre l'unité.

Madame de Viart qui avait succédé à madame Aymer de la Chevalerie vient de mourir. Il est curieux alors de voir les démarches qui sont faites par madame de Guerry. Madame de Guerry avait été étroitement liée avec madame de Viart. Madame de Guerry avait tout administré sous madame de Viart; c'était elle qui était l'homme d'affaires de la congrégation : j'en donnerai des preuves irréfutables. Madame de Guerry tenait beaucoup à ce que madame de Viart fût remplacée par une personne de son choix. Le 2 juillet 1850, et ceci nous rap proche des faits propres à la cause, madame de Guerry écrivait la lettre suivante :

« Vous comprenez comme nous, ma chère sœur, combien il est important et nécessaire de nous concerter pour réunir nos voix en faveur d'une sœur qui soit attachée à la règle et animée de l'esprit du fondateur.

» Quoique la plupart des votes soient arrivés (il en manque cependant plusieurs), cela n'empêche pas que nous ne puissions encore nous entendre ; rien ne s'oppose, dans la règle, à ce que l'on envoie un second vote; le dernier annulant le premier, qui serait renvoyé immédiatement. Veuillez, chère sœur, nous aider de vos lumières et de vos conseils en nous disant ce que vous pensez sur les moyens à prendre pour arriver au but que nous nous proposons.

» Nous écrivons dans le même sens à mesdames Thérésia, Eulalie, Vitaline, Hippolyte, Eudoxie, Némésie, Madeleine, Marie, Joséphine, Élisabeth, Sidonie, Lacroix, Fanny, Adrienne, Amélie et Philippine. Vous pourriez aussi leur en écrire, malgré l'union et la bonne harmonie qui règne entre la sœur vicaire et nous trois, nous ne croyons pas devoir lui communiquer cette lettre ni la réponse que vous voudrez bien nous adresser, parce que sa position est trop délicate pour qu'elle puisse se mêler de cette affaire. »

Je n'ai pas dit à la Cour ce que c'était que la sœur vicaire, c'était madame Constance Jobert. Elle avait été désignée par madame de Viart, dans un billet cacheté ouvert après sa mort. Madame de Guerry ajoutait.

« Il est très important d'examiner ce qui n'a pas été prévu par les constitutions pour nous conformer à la règle et au bref du 9 mars 1848, nous vous engageons donc à y penser sérieusement.

» Il n'est pas besoin de vous dire que notre tâche consistera à expliquer, développer, ajouter, mais sans faire le moindre changement à la règle; le moment sera favorable, puisque, d'après le décret, les sœurs ayant voix au chapitre devront envoyer elles-mêmes leurs décisions au saint-siége.

» Prions, chères sœurs, nous ne saurions trop implorer les lumières du Saint-Esprit, tant pour le choix de la supérieure générale que pour le travail du chapitre. »

A cette première lettre succède une circulaire du 14 juillet 1850, dans laquelle je vois les vives instances que fait madame de Guerry, pour que tous les suffrages se portent, non pas sur elle-même, mais sur madame Constance Jobert; et là, elle insiste sur tous les droits qu'a madame Constance Jobert à être nommée supérieure générale. Je ne lis pas cette lettre entière, j'en ai une autre à peu près semblable à lire.

« Quel bonheur, dit-elle dans cette circulaire du 14 juillet, n'aurai-je pas à suivre les conseils de notre mère (madame de Viart), en aidant de mes conseils notre nouvelle supérieure, en lui parlant des vertus de nos saintes mères et de leurs sentiments. Oh ! mes chères sœurs, que je pourrai dire avec bonheur la part qui m'est échue est excellente, et mon héritage m'est très précieux. »

Cette circulaire du 14 juillet est suivie, deux jours après, d'une autre qu'elle adresse à toutes les supérieures des communautés, et dans laquelle je lis ces mots :

« Ne trouverons-nous pas dans les derniers actes de la vie de nos supérieures que je ne doute pas qui fussent dictés par la sainte Vierge, notre première mère, quelques lumières qui puissent nous guider dans un choix si
important. Je vois le billet de nomination de la sœur vicaire qui donne à sœur
Constance deux et trois voix, en cas de partage, pour être supérieure générale.
Un autre acte avait précédé celui-là, c'est la nomination de cette chère sœur
comme supérieure de la maison de Saint-Isidore : il est ainsi conçu : « Je man-
» querais à la justice que je dois à ma sœur Constance Jobert, si je ne recon-
» naissais pas le bien qu'elle a fait à Saint-Isidore dans la position malheureuse
» où elle s'est trouvée. En reconnaissance, je viens la nommer supérieure, per-
» suadée qu'elle continuera à faire le bien avec le même zèle, et selon l'esprit des
» fondateurs, qui avaient pour elle une grande estime et une grande affec-
» tion. »

» Nous connaissons toute la capacité de sœur Constance, et je ne doute pas
que les peines excessives par lesquelles il a plu à la Providence de la faire passer
n'aient été pour elle une préparation à de grandes choses. »

Voilà donc un zèle très actif, très ardent, développé en 1850, par madame de
Guerry, pour faire nommer supérieure générale madame Constance Jobert.
L'élection devait avoir lieu dans les trois mois, c'est la règle générale, et pendant ce temps-là, c'est la sœur vicaire générale qui remplit les fonctions de
supérieure. Madame de Guerry est nommée : elle refuse ; il n'y a donc pas de supérieure générale. Par un grand oubli de cette règle si chère et si fidèlement obser-
vée, on ne va pas nommer de supérieure générale ; la règle porte que la supérieure
décédée doit être remplacée dans les trois mois : deux années vont s'écouler pendant
lesquelles la communauté va être gouvernée par madame Constance Jobert, conformément aux vœux de madame de Guerry, au mépris de toutes les obligations
de la règle. Enfin, le 12 mars 1852, au milieu de toutes ces agitations, Rome dé-
cide que madame Constance Jobert étant la sœur qui, après madame de Guerry,
a eu le plus de voix, sera reconnue supérieure générale. Ce n'était pas, quoi qu'en
dise le bref, très régulier, car, ce n'est pas celle qui a la minorité des suffrages
qui peut devenir supérieure générale ; mais du moment qu'il s'agissait de consacrer l'autorité dans la personne de madame Constance Jobert, cela suffisait à
madame de Guerry.

Enfin, au moment où madame Constance Jobert est déclarée supérieure générale, le 22 mars 1852, monseigneur d'Arras est nommé visiteur apostolique. Il
reçoit du saint-siège tout pouvoir pour examiner la situation, pour connaître
les causes de discorde, pour en faire un rapport au saint-siège et mettre fin à
des luttes incessantes qui, heureusement confinées dans les murs du cloître, n'ont
pas encore transpiré au public. Monseigneur d'Arras fait son rapport, et en 1853,
on mande à Rome monseigneur de Chalcédoine, en même temps que madame Constance Jobert. Madame Constance Jobert part ; madame de Guerry l'accompagne
à Rome. Voilà donc les parties contendantes à Rome en face du chef de l'Église ;
elles sont entendues dans leurs demandes respectives. C'est alors que monseigneur de Chalcédoine se démet, entre les mains du saint-père, de son titre de
supérieur général des frères, et que madame Constance Jobert se démet également de son titre de supérieure générale des sœurs. C'est alors aussi, à la date
du 5 août 1853, pendant que madame Constance Jobert, qui est à Rome, que
madame de Guerry, qui est à Rome aux pieds du saint-père, expliquant toutes

choses ; c'est alors, dis-je, que madame de Guerry, cette femme engagée dans la vie religieuse depuis 1819, cette femme éminemment catholique voit prononcer les décrets qui doivent mettre fin à la lutte et régler désormais la vie à laquelle elle s'est consacrée.

Voici ces décrets :

Premier décret.

« Un louable exemple vient d'être donné par le révérendissime seigneur Pierre Bonamie, archevêque de Calcédoine, supérieur général de la congrégation des Sacrés Cœurs de Jésus et de Marie et de l'Adoration perpétuelle du très saint Sacrement, et par la dame Constance Jobert, supérieure générale des sœurs du même institut, lesquels se sont démis librement, entre les mains de notre saint père le pape Pie IX, de la charge qu'ils remplissaient dans ladite congrégation.

» Sa Sainteté, appréciant tout ce qu'un acte semblable procurait d'édification aux frères et aux sœurs de cet institut, a bien voulu l'agréer, et le ratifiant par le présent décret, déclare qu'à partir de ce moment, la place de supérieur général et celle de supérieure générale sont vacantes dans ladite congrégation, et que, conséquemment à cette vacance, il y a lieu de procéder à des élections nouvelles.

» C'est pourquoi il commet le révérendissime seigneur Pierre-Louis Parisis, visiteur apostolique, à l'effet de signifier aux frères et aux sœurs de la congrégation la vacance desdites charges, ainsi que les opérations des élections nouvelles.

» L'intention de Sa Sainteté est que ces nouvelles élections aient lieu sous la présidence du révérendissime visiteur apostolique dans les limites du temps et selon les formes désignées par les règles et constitutions respectives des frères et des sœurs, en augmentant le nombre des sœurs votantes pour ce qui concerne la prochaine élection et toutes les élections futures de la supérieure générale, de telle sorte que, outre les vocales désignées par la règle, il y aura dans chaque maison, indépendamment de la supérieure locale, une autre sœur professe de chœur, qui aura droit de suffrage, laquelle sera élue capitulairement, au scrutin secret, par toutes les sœurs professes de chœur de la même maison.

» Dans la maison principale, on élira également de la même manière, en chapitre, au scrutin secret, deux vocales, lesquelles étaient précédemment désignées par la prieure, sans toutefois qu'il y ait rien de changé en ce qui concerne les huit autres vocales de la maison mère.

» Comme il n'est pas dans les habitudes ni dans l'économie des instituts réguliers d'être présidés par un religieux élevé à la dignité épiscopale, on ne pourra désormais, ni dans la prochaine élection, ni dans les élections suivantes, sous peine de nullité, élire, soit pour la charge de supérieur général, soit pour les autres offices de la congrégation, personne qui soit décoré du caractère épiscopal.

» Voilà ce que Sa Sainteté a réglé et décrété, en vertu de l'autorité apostolique, nonobstant toutes choses contraires, même soumises à une mention spéciale et individuelle. »

Second décret.

« Afin d'écarter les causes de toutes les discordes ; afin de rétablir plus solidement la paix et la tranquillité qui, dans la congrégation des Sacrés-Cœurs de Jésus et de Marie et de l'Adoration perpétuelle du très saint Sacrement, avait été depuis plusieurs années troublée sérieusement par les changements qui ont été tentés dans les règles et constitutions des sœurs, notre très saint père le papo Pie IX, après avoir entendu les propositions de plusieurs cardinaux de la sainte Église romaine, choisis dans la congrégation des évêques et des réguliers, après avoir, par un autre décret, déclaré vacantes les charges du supérieur général et de la supérieure générale, a réglé et ordonné, en vertu de l'autorité apostolique, les dispositions suivantes :

» 1° Il est défendu sévèrement, sous le précepte formel de l'obéissance, tant au supérieur général qu'à la supérieuc générale en fonctions, ainsi qu'à tous et à chacun des supérieurs, des supérieures, des prêtres, des frères, des sœurs, des élèves de la congrégation, quels que soient leur grade et leur prééminence, de parler ou agir pour la réforme ou le changement des règles et constitutions des sœurs, soit dans le sein de la congrégation, soit au dehors, n'importe en quello manière, par quel artifice ou sous quelque prétexte que ce soit ; de chercher ou de donner appui à ces projets ; de préconiser la réforme elle-même aussi bien que le zèle des partis, soit par persuasion, soit par quelque autre moyen que ce soit, et il leur est ordonné rigoureusement de garder un silence absolu, jusqu'à ce qu'il en soit décidé autrement par le saint-siège ;

» 2° Il est défendu, sous peine de suspense de l'exercice de l'ordre, encourue par le fait même, à tous les supérieurs locaux, de remplir l'office de confesseur, soit ordinaire, soit extraordinaire, des sœurs. Mission est donnée aux évêques des lieux d'assigner, conformément aux saints canons et aux constitutions apostoliques, des confesseurs extraordinaires pour les maisons des sœurs ; et ils devront même députer à cet office des prêtres étrangers à l'institut ;

» 3° La seule autorité que doivent exercer sur les sœurs le supérieur général, les visiteurs, les supérieurs locaux, est celle qui leur est expressément concédée par le chapitre II des constitutions et règles des sœurs, approuvées par le saint-siège le 26 août 1825 ; et, en conséquence, toute coutume contraire et toute innovation demeurent complétement abrogées ;

» 4° En vertu du vœu d'obéissance que la supérieure générale prête entre les mains du supérieur général, celui-ci ne peut exiger que ce qui est défini dans le susdit chapitre II des mêmes constitutions.

» Voici ce que notre très saint père, en vertu de l'autorité apostolique, a décidé, réglé, décrété, ordonnant à tous et à chacun de ceux que cela concerne, de se conformer au présent décret, comme étant obligé de l'observer absolument, nonobstant toutes choses contraires, mêmes soumises à une mention spéciale et individuelle. »

Telle est la décision de la cour de Rome. Après tant de déchirements intérieurs, après avoir demandé la démission des deux supérieurs, le saint-père pense que, pour arriver à une élection plus régulière, il faut doubler le nombre des votantes ; qu'indépendamment de la supérieure locale une autre sœur professe de chœur aura droit au suffrage, et sera élue capitulairement au scrutin secret par toutes les sœurs professes de chœur de la même maison. Les mêmes décrets placent sous l'autorité de l'évêque diocésain tous les établissements de la communauté. Ils ne veulent pas, pour éviter précisément cet esprit d'envahissement dont on veut accuser monseigneur Bonamie, que les frères soient les confesseurs des sœurs. Ils veulent que les confesseurs soient désignés par l'évêque diocésain et qu'enfin il ne soit apporté aucun changement à la règle. Les sœurs ont donc obtenu tout ce qu'elles pouvaient demander. La règle est maintenue. L'autorité des frères ne pèsera plus sur elles ; les voilà soulagées de toutes les craintes qui depuis quelques années les avaient obsédées. Telles sont les dispositions des décrets de la cour de Rome.

Ces dispositions n'ont pas été d'abord trop repoussées, je puis même dire qu'elles ont été acceptées et que, voyant sous la sagesse du saint-père la règle maintenue, le bon ordre rétabli, l'autorité des frères réduite à ce qu'elle doit être, ou plutôt les sœurs dégagées de cette autorité, aucune opposition ne se manifeste. Monseigneur d'Arras va faire connaître les deux décrets à la communauté, il l'établit dans sa lettre que je ne veux pas lire en entier, j'en signalerai seulement un point: le point temporel, c'est l'élection d'un supérieur général et d'une supérieure générale :

« Gardez-vous, dit monseigneur d'Arras (avec une prudence digne de son éminent caractère), gardez-vous de jeter vos vues sur des personnes exclusives ou extrêmes, c'est-à-dire qui sont connues pour avoir condamné trop ouvertement le parti opposé au leur, qui, par cela même, seraient un sujet d'effroi pour une partie de la congrégation, et d'espérance exagérée pour l'autre partie. »

Un conseil plus sage ne pouvait être donné, mais ce conseil même va alarmer, inquiéter les prédilections de madame de Guerry. Madame Constance Jobert a été tellement engagée dans ces luttes que, si la recommandation du sage prélat est écoutée, il y a bien peu de chances d'élection pour elle. Cependant on va tout faire pour arriver à ce résultat. On va prendre toutes les précautions pour préparer une lutte. J'ai là la correspondance, il faut qu'elle passe presque tout entière sous les yeux de la Cour.

Les décrets sont du 5 août 1853, madame de Guerry est à Rome. Les décrets ne sont communiqués à la congrégation que le 21 août en France par monseigneur d'Arras dont je viens de vous faire connaître la lettre. Madame de Guerry écrit alors de Rome à madame Pauline Lepinay, prieure restée en France, à Paris dans la maison de Picpus :

« Ma bien chère sœur, quoique je vous aie envoyé mon vote aussitôt que le cardinal-préfet, que j'ai été voir le 16 août, m'a appris qu'une nouvelle élection pour la supérieure générale était prescrite par un décret parti pour Paris le 14, craignant, quoique la règle ne le prescrive pas, qu'il ne s'élève quelque difficulté qui fasse prescrire des formalités pour assurer la validité des votes envoyés et pour empêcher toute contestation sur la validité de l'élection, je vous envoie, pour ce cas échéant, un autre vote mis sous une enveloppe que j'ai signée et revêtue de mon cachet. »

Ainsi elle accepte le décret du souverain pontife. Il est vrai qu'elle espère que madame Constance Jobert sera élue. Cette espérance elle l'exprime dans un autre passage de sa lettre. Elle y dit :

« Ici toutes les personnes que je connais et qui savent ma peine me disent qu'il est impossible que la sœur Constance ne soit pas réélue : qu'il faudrait, pour cela, que les électrices aient perdu la tête. »

Dans cette même lettre je lis encore :

« J'espère, pour le bien de la congrégation, qu'elle sera réélue. Pour elle, elle se réjouit de plus en plus d'avoir obtenu, par sa démission, celle de l'auteur de tous les maux. »

Autre lettre à la date du 2 septembre adressée à cette même sœur Pauline Lépinay :

« C'est à vous que je m'adresse aujourd'hui. Je le ferais plus souvent, mais je vous ai marqué ce qui m'en empêche. Je crains que vous ne soyez en peine si monseigneur d'Ar. est là . . . .

» J'ai vu le cardinal della Genga, à qui j'ai lu celle des sœurs ; il m'a répété plusieurs fois que je ne devais pas m'inquiéter, que la mère Constance serait réélue. Je n'y mets aucun doute. »

Au bas de la même lettre je lis :

« Le cardinal Patrizzi, qui est venu voir ces dames, et qui aussi ne mettait pas de doute qu'elle fût pas réélue, leur disait que, sans doute, elle avait envoyé son vote. Je pense que si l'Est., l'auditeur et le conseil jugeaient que cela doit être, il n'y aurait pas besoin de consulter monseigneur d'Arras. »

Les vocales sont nommées le 8 septembre. Toutes les maisons y contribuent, la maison de Douai elle-même. Eh bien ! à cette époque, au mois de septembre, madame de Guerry écrit de Rome à madame Pauline Lépinay. La lettre porte la date du 5 août, mais c'est une erreur évidente puisque le timbre de la poste porte septembre, d'ailleurs le contenu indique assez la date véritable. J'y lis :

« Je reçois à l'instant la lettre de sœur Célinie, ou plutôt la vôtre, ma bien chère sœur, et des a. e. Nous n'avons pas encore eu le temps de lire la lettre de Mende. Celle de madame Justine ne me satisfait guère, mais je ne m'en étonne pas. Il est certain que si les supérieures se divisent, l'élection ne portera pas sur la mère Const....., ce qui serait un très grand malheur, et en attirerait encore beaucoup sur la congrégation ; mais il ne faudrait pas pour cela perdre courage. »

Les sœurs vocales sont élues, je le répète, le 8 septembre : la nouvelle en arrive ; les inquiétudes de madame de Guerry sont vives, non pas sur la règle, mais uniquement sur l'élection de madame Constance de Jobert. Elle écrit une lettre dans laquelle je lis :

« Je viens d'écrire à sœur Célinie pour lui communiquer des pensées dont je la charge de vous faire part si cette bonne mère trouve qu'il soit bon de s'en servir. »

Les pensées dont on fait part à sœur Célinie et dont il pourrait être utile de faire l'application, vous allez les voir se dérouler dans les faits qui suivent : elles sont inspirées par la prévision du cas où madame Constance Jobert ne serait pas élue. Sous madame de Viart, madame de Guerry avait exercé l'omnipotence dans la congrégation ; elle avait dirigé madame de Viart dont elle avait administré la fortune personnelle avant que celle-ci fût supérieure générale. Elle était le *negotiorum gestor* de toutes les maisons de la congrégation. Ce qu'elle avait voulu en 1850, à la mort de madame de Viart, elle le voulait en 1853. Vous voyez ses efforts, sa correspondance pour arriver à cette élection ; vous voyez ses inquiétudes à l'occasion de la nomination des sœurs vocales sur le choix de la supérieure générale. Pendant qu'elle est à Rome, elle ne s'est pas méprise et vous allez voir le projet de la séparation, et en vue de ce projet la volonté de tout emporter, de ne rien laisser à la maison, ni livres, ni correspondance, ni pièces justificatives, rien du tout, et quand elle l'aura ainsi dépouillée elle mettra à exécution son projet. Voyons comment la spoliation s'est opérée.

Une personne qui ne signe que par des initiales a écrit de Rome, le 8 octobre 1853, à madame Pauline Lépinay, une lettre qui est aujourd'hui entre mes mains. Cette lettre a été adressée à madame Pauline Lépinay à la maison de la rue de Douai. Car je dois dire que madame Pauline Lépinay y était d'abord venue; mais après la décision du saint-siège elle est rentrée dans la maison mère. Je crois que quarante sœurs de chœur converses ou novices, entraînées en 1853 à partager la fortune de madame de Guerry, une fois que le saint-père a en parlé et a rappelé tout le monde à l'obéissance à la règle, sont rentrées en assez grand nombre et qu'il n'en reste plus que vingt et une auprès de madame de Guerry. Une personne, je ne sais pas si c'est une religieuse, écrivait à madame Pauline Lépinay sous la date du 8 octobre :

« J'ouvre ma lettre pour vous dire, après mûres réflexions de nous trois, qu'une missive vous sera adressée nécessairement au sujet d'affaires temporelles par madame de G...... Cette missive, nous vous le disons devant Dieu, et nous vous en faisons un vrai devoir, devra, non-seulement être prise en considération, mais être pleinement exécutée. »

Me ÉMILE OLLIVIER. — Avez-vous l'original de cette lettre?

Me BERRYER. — Oui, j'ai l'original de cette lettre: mais puisque l'occasion m'en est donnée, je dois dire à la Cour, que malgré la soustraction de tous les titres, de tous les papiers qui ont été enlevés de la maison mère, j'avais en première instance quelques pièces assez importantes dans lesquelles il était dit, en termes extrêmement blâmables, quelles démarches il fallait faire pour s'assurer des scrutatrices en faveur de madame Constance Jobert. J'avais les originaux de lettres que je vais lire, mais je ne pourrai plus les lire que sur les copies qui m'en ont été confiées par mon adversaire, je les considérerai et la Cour voudra bien les considérer comme les originaux qui ont disparu de mon dossier, je ne sais comment; les communications que j'ai faites à mon adversaire n'ont pas été la cause de cette disparition, je m'empresse de le dire, mais enfin, je les avais communiquées au tribunal, elles ont passé, de là, au greffe, et enfin, tous les efforts de l'avoué de première instance et ceux de Me Déroulède, avoué, qui m'assiste devant la Cour, ont été impuissants pour les retrouver. Dans cette situation, je vais être obligé de me servir des copies de mon adversaire, à qui j'avais confié mes originaux, et d'une masse de petits papiers qui ont été trouvés dans des malles, dans des recoins, je ne sais où. Voici donc la copie d'une lettre adressée à madame Élodie, par madame de Guerry, qui porte ces mots :

« Il est très important, pour l'avenir, en cas de séparation, de mettre ensemble les inscriptions. »

Il s'agit des inscriptions de rentes qui se trouvaient dans la communauté au moment de l'arrivée de madame de Guerry ; on verra quelle somme forment ces inscriptions.

M⁰ ÉMILE OLLIVIER. — Je crois qu'en première instance vous n'avez pas produit l'original de cette lettre. Je vous ai dit que je ne l'acceptais point : elle n'est ni signée ni datée, et je vous répète de nouveau que nous ne l'acceptons pas.

M⁰ BERRYER. — Cette lettre avait pour but d'établir que nous sommes en droit de soutenir que vous ne pouvez pas prétendre qu'il n'a été emporté que les inscriptions de rentes dont les intérêts étaient portés sur l'agenda de 1853 ; car il y a l'indication de beaucoup d'autres inscriptions de rentes, et notamment d'inscriptions qui doivent former une somme considérable. Mais voyons d'autres pièces dont les originaux ont été dans nos mains. Madame de Guerry écrit de Rome, à la date du 16 octobre

« Ma bien chère sœur,

» Je vous écris une lettre ostensible pour éviter, autant qu'il dépend de moi, que vous soyez inquiétée sur les mesures qu'il nous paraît indispensable de prendre pour éviter que tout soit perdu et aussi pour éviter bien du mal ; mais il faut, ma chère sœur, prendre tous les moyens pour qu'on ne s'aperçoive de rien avant que l'opération soit terminée et les objets partis ; notre mère pense que vous pouvez coucher dans notre chambre, ce qui vous donnera la facilité de faire les paquets de lettres et papiers qui sont dans mon secrétaire en les mettant en liasse sous les liasses qui sont dans la petite armoire grillée ; il faut laisser celles que vous verrez qui regardent Saint-Servan et d'autres maisons, mais ôtez ce qui me regarde. Il faut aussi en ôter une boîte d'ouvrage ; il y a dedans des papiers que je ne veux pas qui soient lus. Je vous ai expliqué aussi qu'il y a des papiers qui regardaient les affaires de mon beau-père pendant sa vie, où il s'en trouve qui peuvent être nécessaires à la famille de Bruck. Ils sont dans un buffet qui se trouve dans l'alcôve de madame de Laveau. Mais cela est moins pressé que le reste ; car toujours je pourrai les réclamer. Les liasses de papiers peuvent être mises dans des boîtes peu volumineuses et portées dans la petite chambre à côté de celles des portiers pour être prises de là au moment opportun.

On peut y porter aussi les deux caisses qui sont dans le cabinet ainsi que l'argenterie : l'un et l'autre pourrait facilement être porté tel que par Urbain chez la personne que vous choisirez, soit le P. Baleret, soit le P. Arnou, ou le directeur. M. Moulargis nous paraît le plus sûr. Il faudrait le prier de nous rendre ce service pour les valeurs, bijoux, argenterie, et vous lui direz que c'est pour peu de temps. Vous renfermeriez le tout dans des caisses bien emballées, y joignant les inscriptions de l'argent placé depuis l'arrivée de la mère C. à Picpus, excepté, comme je vous l'ai déjà marqué, ma chère sœur, les 10,000 francs qui représentent la dot de la sœur de Châtellerault Rictrude et de quelques autres sœurs.

» Vous ne devez pas, ma bonne amie, dans la position actuelle, laisser à la masse commune les inscriptions de l'argent placé par vous au moment du départ de la mère C. . . . . 12,000 fr.
l'argent envoyé de Mende. 900

» Plus tard l'argent de sœur Mectbilde et l'argent de Cahors, si on vous en a envoyé, enfin tout ce qui existait en 1850 et dont sœur Félicie a envoyé la note dernièrement et qui doivent rester à la masse au dernier moment ; vous ferez bien de prendre avec vous les inscriptions représentant les 10,000 francs.

» Vous comprenez bien que le reçu de la personne qui voudra bien se charger du dépôt n'est qu'une formalité de la lettre ostensible. Il est pénible, ma bien-aimée sœur, d'être forcée de prendre toutes ces précautions, mais il pourra être utile de faire ainsi afin qu'il n'y ait point de difficultés qui offensent le bon Dieu, lorsque notre petite réunion sera formée, et elle pourra servir à ouvrir les yeux car le bon Dieu est si bon qu'il se sert de tout pour ramener à lui. Prions beaucoup surtout pour nos pauvres sœurs, puisque ce sont là les A. C. à qui est réservé le retour de plusieurs.

» Mais je reviens à nos affaires. Il y a dans la chambre de Mélanie des papiers, des lettres particulières qui peuvent compromettre beaucoup certaines personnes par les calomnies qui y sont écrites. Il y a aussi des lettres des évêques, des correspondances de Rome et il faut tout prévoir pour n'avoir rien à redouter ni à regretter lorsque le petit noyau sera à la Sainte-Trinité. Vous pourriez, si vous craignez qu'on ne remarque le temps que vous passeriez dans cette chambre pour visiter un peu ces papiers, prier sœur Élodie et sœur Andréodore de faire cette recherche ou vous aider à la faire ; cela est bien nécessaire car on pourrait s'en servir contre notre chère petite réunion que le D. fera tout au monde pour empêcher : mais nous avons la plus grande espérance du succès. »

Cette lettre du 16 octobre est suivie d'une autre du 19. La lettre du 16, vous vous en souvenez, commence par ces mots : Je vous écris une lettre ostensible. Suivant mon adversaire, la lettre du 19 serait la lettre ostensible. Peu importe, voici cette lettre du 19, dont l'original, soumis à l'enregistrement, nous est revenu.

« Ma bien chère sœur,

» Des bruits étranges que je ne veux pas qualifier sont venus me donner à Rome des inquiétudes sur les valeurs que j'ai à Picpus. On n'invente pas des calomnies si absurdes sans être capable de faire ce que l'on impute aux autres. J'ai donc des craintes sérieuses qu'on ne vienne à vous demander ce qui m'appartient et comme je ne veux pas vous exposer, bien chère sœur, à assumer sur vous une responsabilité dont vous ne connaîtrez peut-être que trop tard la valeur, je vous prie de débarrasser au plus tôt le secrétaire de ma chambre et la petite armoire grillée en mettant tous les papiers qu'ils contiennent sans les examiner dans une caisse. Vous y prendrez toutes les autres boîtes ou paquets que j'ai laissés à mon départ. Je tiens aussi à ce que toute l'argenterie, vaisselle ou couverts d'argent, ainsi que mes bijoux qui se trouvent dans deux petites caisses carrées, soient mis à part avec les papiers, et que le tout sorte de Picpus jusqu'à mon retour en France. S'il se trouve dans mes papiers des reçus ou registres, etc., qui ne sont pas à moi, ou dans les caisses ci-dessus indiquées des bijoux qui ne m'appartiennent pas, comme je le crois, il me sera facile de le voir et comme je le dis, à mon retour je ferai tout rentrer à la congrégation en les remettant comme par le passé à la supérieure générale. Mais je tiens, dans ce moment, à profiter de l'avertissement qui m'est donné en répandant, lorsque je n'y pensais pas, le bruit que nous avons tout fait enlever de Picpus. D'après cela la prudence ne me permet pas de laisser sous votre responsabilité mes intérêts personnels ; car qui sait si on n'en viendrait pas à faire des recherches pour, dans un but quelconque, s'assurer de la vérité de ces étranges allégations : c'est ce que je veux éviter et ici je connais mes droits, ma conscience me les a appris il y a longtemps sous ce rapport. Cependant dans les circonstances où se trouve notre chère congrégation, qui ne saurait rien ôter à l'indépendance que j'ai toujours eue pour agir comme bon m'a semblé à l'endroit de ma fortune, j'ai cru prudent de consulter à Rome des personnes savantes et impartiales, n'ayant aucun intérêt personnel qui les liât à la congrégation pour savoir, non si j'étais en droit de vous prescrire les mesures que je vous indique, mais si je ne serai pas responsable des murmures qu'on pourrait faire entendre à cet égard. Les réponses que j'ai reçues m'ont prouvé que non-seulement je pouvais mais que je devais par devoir de justice accomplir mon dessein.

» Je vous prie donc, ma chère sœur, de faire transporter aussitôt la réception de cette lettre tous les effets que je viens d'indiquer chez une personne de notre connaissance bien sûre ; de m'en donner l'adresse, en la prévenant que la personne qui se présentera en mon nom avec une lettre de moi devra recevoir d'elle tout ce que vous lui aurez confié : elle lui donnera un reçu du nombre de colis que vous aurez soin de bien fermer et de cacheter avec mon cachet de famille qui se trouve dans un des tiroirs de mon secrétaire, une partie de l'argenterie est aux mêmes armes. Une autre n'est pas entièrement semblable, mais dans deux différentes armes ; un des écussons porte deux épées en croix, ce sont les armes de la famille de Guerry.

» Cette lettre nous servira au besoin, ma bien chère sœur, pour prouver que vous avez été obligée d'agir pour mettre votre responsabilité à couvert comme je vous l'ai mandé. »

De ces lettres résulte, Messieurs, de la façon la plus claire du monde que madame de Guerry a revendiqué, fait mettre de côté non-seulement tout ce qui lui appartenait mais confusément ce qui appartenait à d'autres, en disant : « S'il est reconnu plus tard que j'ai pris des choses qui ne sont pas à moi, je les rendrai. » Ce sont les lettres sur lesquelles les juges de première instance se sont appuyés pour constater que madame de Guerry avait eu la liberté la plus grande pour l'administration de ses propres affaires ; elle le dit dans les termes les plus formels :

« *Les circonstances actuelles n'ont rien ôté à l'indépendance que j'ai toujours eue d'agir comme bon m'a semblé à l'endroit de ma fortune.* »

Nous avons une lettre du 26 du même mois qui confirme tout ce que disaient les précédentes. Elle est encore adressée à cette sœur Pauline Lépinay :

« Ma bien chère sœur,

» Je vous ai écrit il y a peu de jours une longue lettre qui pourra prouver, s'il est besoin, que vous n'avez pu faire autrement que de remplir mes instructions et que par là vous ne soyez pas inquiétée.

» Pour tout ce que l'on pourra réclamer, vous répondrez que vous n'avez rien et n'avez connaissance de rien, qu'on s'adresse à moi ; puisque nous avons, notre mère et moi, la responsabilité de tout, il faut que nous ayons les moyens de pouvoir montrer les pièces s'il était besoin, car il est évident qu'on en viendra à un moment donné à nous demander ce que nous n'avons pas ; il est donc de toute nécessité que nous nous tenions en garde, en prenant les moyens que la sagesse, la prudence et la justice nous indiquent, et que pour cela tout soit entre nos mains ; j'ai reçu votre bonne lettre et les explications que vous me donnez sur les inscriptions.

» Après très mûr examen, nous avons décidé qu'il fallait que vous remettiez *toutes les incriptions quelconques, nominatives et autres à sœur Elodie, qui les joindra aux autres pour les remettre en mains sûres.* Lorsque nous serons de retour nous pourrons répondre à tout, puisque tous les papiers qui sont dans ma chambre, sous mon lit et ailleurs, seront en nos mains ainsi que les boîtes grandes et petites qui en contiennent. Sans cette précaution, nous nous trouverions très embarrassées pour répondre à tous les bruits qu'on a répandus et desquels monseigneur d'Arras s'est même préoccupé, nous oblige à des moyens de prudence.

Nous avons vu que rien n'est sacré pour certaines personnes, puisqu'à Rennes tous les papiers du père Genris on été visités et enlevés sans aucun ménagement.

» Il faudra aussi, ma bien chère sœur, mettre à la Trinité les tableaux qui constatent les propriétés des maisons locales envoyées après l'élection sur la demande de monseigneur d'Arras. Notre mère les croit dans le bureau du salon ; il faudra, de concert avec sœur Andréodore, vous assurer s'ils y sont tous et les chercher s'il en manque.

» La mère C. tient beaucoup à ce que vous y joigniez le tableau, pris par lettre alphabétique du nom et de l'âge des sœurs de chaque maison ; ils doivent se trouver dans le carton de son cabinet.

» Il faudra aussi, ma chère sœur, que vous fassiez copier par sœur Célinie ou autre très sûre, le nom de toutes les sœurs de la congrégation qui sont inscrites sur le registre. Que cela soit porté sur un autre registre portant en regard du nom le chiffre des dots apportées par chacune d'elles, ainsi que les conventions. Ce double registre sera déposé à la Trinité, vous n'aurez pas le montant des dots des anciennes sœurs, la plupart n'ont rien à réclamer : ne vous en mettez donc pas en peine ; nous répondrons à toutes les demandes qui nous seront faites en temps et lieu.

» Nous regardons cela comme très essentiel et recommandons à sœur Célinie d'y mettre toute l'attention possible, de collationner et de signer comme conforme à l'original : vous y apposerez votre signature et sœur Félicie mettra aussi la sienne. »

Une lettre du 6 novembre prouve quelle importance on mettait à s'emparer de tous les papiers, de toutes les valeurs, tant les papiers qui établissaient la fortune personnelle de madame de Guerry, que ceux qui constituaient celle de qui que ce fût dans la communauté. Cette nouvelle lettre de madame de Guerry porte ces mots :

« Nous attendons avec une grande impatience d'apprendre par vous que toutes les choses dont je vous ai parlé au nom du petit conseil ont été exécutées. »

Plus loin :

« Dites-leur bien, et soyez convaincue du désir bien vif que j'ai de nous voir réunies à vous dans la bonne petite *ruche*. »

Ainsi voilà bien la situation. La voilà bien dans le vrai. Madame de Guerry a été à Rome ; madame de Guerry a présenté au pape ses observations ; le pape a prononcé avec sagesse. On semble d'abord se soumettre. L'élection des vocales a lieu en septembre. Dans la prévision que madame Constance Jobert ne sera pas élue on s'inquiète, on conçoit le projet de séparation ; toutes les précautions sont prises pour enlever les papiers, les archives. Tout cela est préparé en attendant l'événement. L'événement est prochain. C'est alors que madame de Guerry, impatiente de savoir comment ses ordres ont été exécutés, arrive à Paris.

Les vocales se réunissent, l'élection a lieu le 17 décembre. Le résultat de l'élection est de nommer qui ? Madame Aymer de la Chevalerie, la nièce de la fondatrice. Je ne sais ce qu'on a voulu dire quand on s'est servi de ces expressions : « Madame Aymer de la Chevalerie est une espèce de maire du palais. » Si l'on avait dit une espèce de roi fainéant, j'aurais compris le reproche ; mais maire du palais, c'est la vérité qui vous est échappée. Maire du palais, c'est ce

qu'était madame de Guerry pendant que madame de Viart était supérieure générale; c'est ce qu'était madame de Guerry pendant que madame Jobert a été nomi-
nalement, durant deux années, la supérieure de la congrégation. Oui, vous aviez
alors l'omnipotence. Mais enfin que faites-vous quand il est apparent que madame Constance Jobert ne sera pas nommée? Vous préparez la séparation, vous
la décidez, et avec toutes les précautions que j'ai signalées dans celles de vos
lettres que j'ai dans les mains. Enfin elle va avoir lieu, et vous recevez à ce sujet
les conseils d'un monsieur qu'on m'a dit être un homme très respectable, je le
veux, mais son langage ne l'est pas; c'est un M. Villiaume, qui écrit de Rome à
madame de Guerry. Voulez-vous un échantillon de son style. Il écrit à madame
de Guerry une première lettre :

« Nous vous conseillons tous de demeurer fermes dans les limites de votre
droit, laissez crier, tapager, menacer, écrire. . . . .

» Monseigneur Sacconi (c'est le nonce dont on a méconnu les conseils), je
vous le garantis, n'a pas d'autres pouvoirs que ceux de recueillir des renseignements pour que Rome puisse procéder à une réparation.

» Ne cédez pas un sou, pas un iota, pas un pouce de terrain.

» Si vous pouviez, un seul instant, douter de la validité de mon conseil, écri-
vez directement au révérendissime père Jandel, au cardinal Fornari ; priez-les de
vous donner par écrit leur avis : ils le feront.

» Si le nonce pouvait vous arracher une seule concession, il vous mettrait du
côté du tort, et vous vous rendriez responsable de tous les malheurs passés et
futurs, car ce serait au prix de l'argent que vous achèteriez une paix qui vous
flétrirait. Les demi-mesures n'aboutiraient à rien. Vous voulez sauver un principe sacré qu'on a voulu démolir. Or, sachez qu'avant de sacrifier un principe de
cette nature, Rome y pensera deux fois.

» Si vous arrivez à faire traiter votre cause au grand jour par un procès régulier, tous les hommes de bien se rangeront de votre côté. »

Voilà les instructions qui, à côté des dispositions de madame de Guerry, arri-
vaient de Rome.

La séparation a lieu le 19 décembre. Madame de Guerry se retire avec un certain nombre de sœurs dans la maison de la rue de Douai. Le procès va être engagé. Assignation est donnée à l'effet de payer 1,200,000 francs, somme à
laquelle madame de Guerry déclare réduire ses réclamations.

Moralement, honnêtement, avant d'examiner la question de droit, est-ce que
cette demande peut être écoutée? Est-ce que vous ne vous êtes pas, madame
de Guerry, mise dans une situation qui vous rend tout à fait non recevable?
Est-ce que l'exception péremptoire *doli mali* ne peut pas vous être opposée? Quoi,
vous venez nous dire : « Rendez-moi compte de 1,200,000 francs que j'ai versés
dans le sein de la communauté! » Et à qui le dites-vous? A des personnes qui ne
savent rien de ce qui s'est fait dans l'intérieur de la congrégation depuis trente
ans; à madame Aymer de la Chevalerie, nièce de la fondatrice, aujourd'hui
supérieure générale; à madame Eudoxie Coudrin, qui est aussi la propre
nièce du fondateur. Toutes les deux sont dans les mêmes sentiments que leur
oncle et leur tante, toutes deux sachant mieux que personne dans quels termes,
dans quelles limites elles auraient voulu que leur juste cause fût défendue. Cer-
tainement, elles peuvent dire à madame de Guerry : « Nous tenons autant que

vous, autant que personne, à la pensée des fondateurs. Mais c'était mon oncle
M. Coudrin; mais c'était ma tante madame Aymer de la Chevalerie. » Oui, Messieurs, l'esprit de la fondation a passé tout entier à la nièce du fondateur, à la
nièce de la fondatrice. Elles sont au procès avec leurs regrets que les choses ne
soient pas restées comme M. Coudrin et comme madame Aymer de la Chevalerie
les avaient établies. Ces regrets, elles les ont dans le cœur. Toutes celles qu'on
fait intervenir dans la cause tiendront le même langage, madame de Jousserant,
madame de Beaussais, toutes; mais toutes diront : « Le chef de l'Église, la cour
de Rome a prononcé; je ne suis pas dans une congrégation religieuse pour résis-
ter au chef de la catholicité. » Tel est le sentiment de madame Coudrin, de madame de la Chevalerie, de madame de Beaussais, du grand nombre de celles qui
sont restées dans la communauté : obéir aux ordres supérieurs, au chef de
l'Église surtout.

Madame Aymer de la Chevalerie était je ne sais plus dans quelle ville; elle
tenait une petite maison d'éducation; aujourd'hui elle est supérieure générale.
Madame Eudoxie Coudrin était, si je ne me trompe, dans une maison d'enseignement fondée par son oncle, et auprès de laquelle était la demeure de son frère,
M. Augustin Coudrin. Je vous le demande, est-ce à elles de répondre des faits
et gestes de la communauté? Ni l'une ni l'autre n'ont été chargées de l'admi-
nistrer, n'ont su ce qui s'y passait.

Qui est-ce qui a été à sa tête depuis près de trente années? madame de Guerry,
toute seule. Elle seule donc a eu connaissance de ce qui s'est passé sous madame
Aymer de la Chevalerie, la fondatrice, sous madame de Viart; elle seule avec
madame Constance Jobert, avec laquelle elle a partagé l'autorité de supérieure
générale. Mais venir demander des renseignements, des explications à celles qui,
dans leurs maisons, s'occupaient de l'éducation des enfants, qui jamais n'ont
été au courant des affaires de la communauté, c'est impossible. Vous voulez demander des comptes à des personnes qui n'ont jamais été en la possibilité de
s'expliquer sur ces comptes, et dans quelle situation les demandez-vous encore?
Quand vous avez soustrait tous les papiers, tous les documents qui pourraient
fournir quelques renseignements; quand il a fallu fouiller dans tous les recoins,
dans toutes les armoires, demander à toutes les maisons si un lambeau de papier
ne pourrait pas avoir été oublié par vous quelque part, chercher, mendier, rassembler quelques fragments d'écriture échappés à vos recherches, rassembler,
en un mot, à grand'peine les éléments qui constituent mon dossier. Quoi, c'est
vous la supérieure véritable qui vous êtes mêlée toujours de la direction générale,
c'est vous qui demandez compte à des personnes, qui n'étaient pas dans la maison, de ce que vous y avez fait pendant trente-cinq années! Encore si vous le
demandiez à des personnes qui, par leur position, ou même par leur présence
seraient en état de vous renseigner, je vous comprendrais : mais non, vous venez le demander après avoir pris les plus minutieuses précautions pour soustraire ce qui vous appartenait et même ce qui ne vous appartenait pas, et vous
criez ensuite à la spoliation.

Quand tous les documents, toutes les archives qui pourraient nous éclairer,
vous avez eu le soin de les détourner, vous venez demander des explications sur
l'entrée et la sortie des fonds, sur leur emploi. Vous demandez des éléments pour
fixer le chiffre de votre fortune, et vous avez enlevé toutes les pièces! Faut-il en

douter? mais voyez vos publications. Qu'est-ce que c'est que ces lettres que madame de Guerry a prises, et qui étaient adressées à madame Aymer de la Chevalerie, la première supérieure, à madame de Viart, la seconde, à madame Constance Jobert, la troisième? A qui appartiennent tous ces documents, si ce n'est à la communauté? à qui appartenaient toutes ces pièces? à la communauté. Vous vous êtes donc approprié ce qui ne vous appartenait pas. Tout ce que vous avez fait imprimer vous l'avez pris chez nous. Ce sont nos archives. Et vous osez dire que vous nous faites un procès raisonnable! Non, il ne l'est pas; il ne l'est ni aux termes du droit, ni aux yeux de la morale. Vous êtes non recevable à ce titre; jamais, jamais il n'y aura possibilité que vous veniez, après trente-cinq ans, nous réclamer une partie quelconque de ce qui a été apporté dans un concours commun et dans un but obstinément suivi avec des sœurs religieuses. J'admets que ce soit possible, encore faudrait-il apporter une justification.

Ah! on nous fait une réponse extrêmement commode. Comment! vous vous plaignez de ce qu'on a emporté vos archives, vous vous plaignez de ce que tous vos papiers ont été mis à l'abri par les précautions invisibles de madame de Guerry, grâce aux intelligences qu'elle avait alors dans la place par madame Pauline Lépinay et aux complaisances de madame Élodie! Vous vous plaignez de ce que tous ces éléments de comptabilité vous soient ravis! Vous n'en avez pas besoin; vous n'avez pas besoin de pièces, vous n'avez pas besoin de comptes. Nous allons procéder autrement, nous allons procéder par présomption : c'est le système fondamental de la cause, auquel j'arrive après avoir démontré qu'il n'est pas vrai que ce soit une question de sentiments pieux qui a donné naissance au procès fait par madame de Guerry; non ce n'est pas ce sentiment, c'en est un autre. Que madame de Guerry me dise: « Je me propose un but que je crois sage ; » je ne veux pas en douter. Qu'elle me dise : « Je veux instituer une communauté comme celle que j'ai aspiré à fonder et que je crois plus favorable à la charité, au bon enseignement des pauvres; » que ce soit là sa pensée, irai-je descendre au fond de sa conscience et lui répondre que ce n'est pas là ce qui est dans son cœur? Non, je ne commettrai pas cette impiété. Mais ce que j'ai le droit de lui dire, c'est ceci : « Votre zèle a égaré votre foi; vos règles anciennes n'ont pas été modifiées en ce qu'elles ont d'important, en ce qui concerne la prière, l'immolation, le travail, les privations de tout genre, les austérités auxquelles ces règles vous soumettent. Ce n'est pas à cela qu'il a été porté atteinte; ce n'est pas à la partie morale de vos règles; ce n'est pas à ce que vous appelez le dévouement, la consécration de votre âme. Non, non ce n'est pas là ce qui a déterminé la pensée sainte du saint-père. Il n'a été question que de formes, de hiérarchie dans les élections; vos règles n'ont pas été atteintes dans ce qu'elles ont d'essentiel, de moral, de puissant, de vénérable. Vos règles sont intactes, vos règles sont respectées. Non, vous avez eu d'autres motifs, vous avez eu d'autres raisons. Vos vues sont droites, vos vues sont pures, je le veux, mais la pensée qui vous dirige est, à votre insu, tout humaine. Vous ne résistez obstinément que pour garder votre position d'administratrice de la congrégation. Vous voulez une supérieure qui ait besoin de vos conseils; vous voulez ce que vous appelez l'aider de vos conseils ; vous voulez, en un mot, diriger la supérieure qui sera nommée. Voilà votre véritable, votre seul mobile. »

Eh bien! cela démontré, arrivons au fond des choses. Quel est le système de votre procès? Il est ainsi conçu. La congrégation dont je fais partie avait sa règle. Cette règle, comme toutes les règles des congrégations religieuses, m'impose le vœu de pauvreté et prescrit les conditions nécessaires pour que ce vœu de pauvreté soit fidèlement exécuté. Soit, je le veux bien. Cependant ne confondons pas les temps, ne remontons pas aux austérités des premiers cénobites. Il n'est pas nécessaire d'aller interroger les règles de saint Benoît, ou d'autres fondateurs d'ordres religieux ; il ne faut pas confondre les temps, il faut voir comment toutes les choses humaines marchent. L'exécution de ce vœu de pauvreté très respectable, je le reconnais avec vous, doit être soumise à la loi civile, à la loi nationale. Voilà avant tout sur quoi les règles doivent se fonder. Cela a été expliqué plus d'une fois par nos évêques, pour que le vœu de pauvreté fût bien compris, bien exécuté. Un vénérable prélat, alors archevêque de Paris, a dit dans une ordonnance concernant les communautés religieuses de son diocèse :

« Considérant qu'il est nécessaire de concilier le vœu de pauvreté que fait le religieux avec le droit de propriété qui lui demeure en vertu de la loi civile ; de l'autre les droits de la communauté avec la faculté de disposer que conservent ses membres. »

Il est vrai que si la règle dit que les religieux conservent la propriété de leurs biens elle dit qu'ils n'en ont pas l'administration. On ajoute que l'existence du religieux est absorbée dans la communauté, qu'il n'a plus de vie qui lui soit propre, qu'il est dans la main du supérieur, *perindè ac cadaver.* On a trouvé cela écrit dans les règles des xiiie et xive siècles : peu importe de discuter sur la date de ces textes.

Eh bien ! il en a été ainsi pour moi, dit madame de Guerry : je ne me suis pas appartenue, j'ai été dépouillée de mes biens, on a fait de ma fortune ce qu'on a voulu, on peut présumer que tout a passé dans la communauté.

Voilà votre système, et comment procédez-vous? Vous établissez le compte de votre fortune avec plus ou moins d'exagération, je dis avec beaucoup d'exagération. Ce que vous avez eu en capitaux et en revenus, vous additionnez cela, et, sans le prouver, vous dites que la communauté est présumée l'avoir reçu ; qu'ainsi la communauté doit être condamnée à vous restituer 1,200,000 francs, somme à laquelle vous réduisez, dites-vous, vos prétentions.

Tel est le système de la présomption. Cette présomption ne saurait être admise, car elle intervertit les rôles. On devrait prouver que la communauté à laquelle on demande une restitution a eu telle et telle somme à sa disposition. Vous avez changé tout cela. Par un système de présomption tout particulier, c'est vous qui nous demandez un compte, ce que nous avons fait de votre fortune, ce qui nous en reste, et les emplois auxquels il nous a plu d'appliquer une plus ou moins grande partie de vos capitaux. C'est là une prétention intolérable.

Je me suis servi de cette expression que madame de Guerry avait été depuis le commencement, avant même d'être membre de la congrégation, investie d'une grande autorité dans cette congrégation ; que depuis, je le soutiens, elle en a été l'administratrice réelle ; qu'elle a eu la disposition de toutes les valeurs appartenant à la communauté, de toutes les sommes envoyées par les différentes maisons comme reliquat de leurs comptes personnels, que tout cela est arrivé dans les mains de madame de Guerry à Paris ; que tous les dons des âmes charitables, que les dots payées par les sœurs, en un mot, tout ce qui a été payé à Paris, a été remis à madame de Guerry. Elle a tout reçu, elle a tout administré.

Voyons, sans la dépouiller de son caractère religieux, ce qu'elle a été comme homme d'affaires. Je ne reviens pas sur les termes de sa lettre du 10 octobre 1853, où elle déclare qu'elle a eu, dans tous les temps, la plus grande indépendance dans l'administration de sa propre fortune; je veux la voir occupée d'autre chose, et, pour arriver à conclure ce qu'elle a fait de sa fortune, comment cette religieuse, n'ayant à disposer de rien de ce qui lui est personnel, il est arrivé que tout ce qui lui était propre a été absorbé par la congrégation. Voyons le vrai de sa position ; le voici :

D'abord, et depuis 1822, j'ai la preuve qu'à la mort de sa belle-mère madame de Guerry est devenue l'administratrice de la fortune de son beau-père. Son beau-père avait des affaires assez en désordre. Il avait des dettes. Il avait une tenue de maison assez lourde, car il a amené à Paris domestiques, voitures, chevaux, quand il s'est établi dans une des dépendances de la maison de Picpus. Ce que j'avance n'est pas contestable; j'en trouve la preuve dans une lettre de madame de Guerry adressée à madame Aymer de la Chevalerie à la date du 5 septembre 1822.

Madame de Guerry était alors religieuse, elle avait fait ses vœux, mais elle était en dehors de la maison. Voici ce que je lis dans cette lettre :

« Mon beau-père est mieux, sa santé se fortifie, il est cependant encore d'un changement à faire peur, mais il mange et boit bien. Je vois qu'il s'occupe de ses affaires, et je ne sais comment, pour ma part, me tirer de celles qui me regardent : il me laisse tout le soin des recettes et des dépenses, et par un petit aperçu que j'ai fait, je vois qu'en comptant le droit de mutation et ce qui m'est dû, il lui faudrait 20,000 francs pour acquitter tout ce qu'il doit à présent. Je ne sais comment m'y prendre pour changer quelque chose à ce que faisait ma pauvre mère ; il ne le voudrait pas, et je ne vois pas comment faire, soit pour acquitter ce qui est dû, soit pour faire quelques réformes. Vous allez dire que je radote, car je vous parle de tout cela. D'un autre côté, comment entreprendre, étant si gêné, un voyage qui serait cher, s'il consentait à aller à Paris. »

Inutile d'ajouter qu'elle gérait alors les affaires de son beau-père. Ce fait d'ailleurs est constaté par nos adversaires, dans le cahier où se trouve l'état de la fortune de madame de Guerry. Voici ce que je lis, page 8, dans ce grand état intitulé : *Établissement de la fortune de madame de Guerry.*

« Indemnité d'émigré, 5 avril . . . .
» Liquidation, au profit du comte de Guerry, d'une indemnité d'émigré de 104,346 fr. 88 c.
» Pour remplir M. de Guerry du montant de cette indemnité, délivrance lui a été faite d'une inscription de rente à 3 pour 100 sur l'État de 3130 francs en trois coupures, savoir :
» La première, de 1873 francs, vendue le 18 juin 1828, 44,051 fr. 62 c.
» La deuxième, de 626 francs, vendue le 22 juillet 1828, 15,121 fr. 20 c.
» La troisième, de 621 francs, vendue le 31 août 1829, 16,785 fr. 60 c.

» Total. . . . . . 75,958 f. 42 c.

» *C'est madame de Guerry qui, a raison de* CE QU'ELLE ADMINISTRAIT ALORS LES BIENS DE SON BEAU-PÈRE, a fait emploi de cette somme en diverses valeurs, notamment en ducats de Naples, rentes romaines et d'Espagne. »

Il est donc bien constant que jusqu'à la mort de son beau-père, la lettre de 1822 est un point de départ, madame de Guerry faisait ses affaires.

Elle faisait en même temps des opérations de bourse, vous allez le voir; elle convertissait ses rentes en autres valeurs : ce qui nous conduira à savoir ce que nous devons penser de l'administration de ses propres affaires.

Voyons ce qu'elle faisait pour madame de Viart.

Madame de Viart était en 1829 supérieure à Cahors, madame de Guerry était à Paris. Madame de Viart avait une fortune considérable; l'importance de sa fortune est constatée par ce qui est écrit dans un document dont je lis le texte :

« Notre mère a donné plus de 400,000 francs. »

Il est bien constant que madame de Viart alors qu'elle n'était pas encore supérieure générale, en 1829, quand elle était à Cahors, avait confié l'administration de ses affaires à madame de Guerry qui gérait seule sa fortune particulière. La preuve la voici dans un lambeau de papier trouvé je ne sais où dans un coin de la maison :

« Compte de madame Françoise » (c'est madame de Viart.)

On y voit madame de Guerry vendre et acheter, pour madame de Viart, des inscriptions de rentes françaises et des rentes étrangères en remplaçant des valeurs par d'autres valeurs.

On la voit envoyer à madame de Viart ou employer pour elle les fonds qui passent par ses mains ou qu'elle réalise.

Ce n'est là qu'une partie du compte de madame de Guerry se rattachant à la gestion de la fortune de madame de Viart, mais la preuve de cette gestion n'en ressort pas moins d'une manière certaine. Voici encore pour prouver ce fait un lambeau de papier portant le timbre de la poste et adressé, par madame de Guerry, à madame de Viart à Cahors : madame de Viart n'était pas encore supérieure de la communauté de Picpus; elle ne l'a été qu'en 1834, on y lit :

« Voici, madame, la copie d'une lettre que M. Guillemot m'a envoyée; ma mère m'a chargée de vous l'envoyer pour savoir si vous avez connaissance de cela et si vous vous rappelez avoir pris quelque engagement à ce sujet. etc. »

Et plus loin :

« J'ai enfin *retiré les inscriptions des deux titres, et touché les intérêts* qui serviront à acquitter ce qui pourrait être dû à Poitiers après que tout cela aura été fini, et pour faire un petit cadeau à M. Guillemot pour ses peines et soins.

» *Il vaut mieux, à ce qu'il paraît, garder les inscriptions* 3 pour 100, qui *augmentent.* »

J'ai de ce M. Guillemot, dont parle madame de Guerry, une lettre qui constate que 160,000 francs avaient été accordés au profit de madame de Viart, pour son indemnité d'émigrée; mais M. Guillemot explique qu'après le payement de quelques dettes et charges il ne restera, à madame de Viart, que 148,000 ou

150,000 francs. N'oublions pas ce chiffre. Madame de Guerry était en correspondance pour madame de Viart avec son gérant ; elle réglait avec lui les affaires qui lui étaient personnelles.

On voit encore que madame de Guerry fait les affaires d'une amie de madame de Viart, supérieure à Cahors ; qu'elle entretient des correspondances avec les hommes d'affaires de cette amie. Tout cela est assez surprenant et on ne comprend pas qu'une femme telle qu'on a dépeint madame de Guerry, soit capable de s'occuper de ces sortes d'opérations. Voici une lettre de 1840, la date n'est pas sans importance au procès, qui prouve que madame de Guerry aimait réellement à s'occuper d'affaires. 1840 est l'époque où la loi de conversion fut adoptée à la chambre des députés et repoussée à la chambre des pairs. Madame de Guerry était alors en correspondance avec un M. de Cambis, son parent.

Nous avons en notre possession une copie de la lettre que M. de Cambis avait écrite à madame de Guerry et une copie de la réponse de celle-ci ; le tout de la main de madame de Guerry.

Il s'agissait pour madame de Guerry de savoir si elle vendrait les rentes romaines dans lesquelles elle avait converti ses indemnités. Elle avait à ce sujet demandé conseil à M. de Cambis qui avait consulté lui-même.

M. de Cambis avait écrit :

« J'ai consulté un député, et je m'étais trouvé tout à fait d'accord avec lui. Voici son opinion : C'est bien, en effet, que les fonds français sont plus solides que l'emprunt romain, et je vous conseillerai d'acheter du 5 pour 100 plutôt que du 3, non à cause du plus ou moins de solidité, qui est égal, mais à cause de l'avantage économique que j'espérais y trouver. Voici mes raisons. »

Suivent ces raisons compendieusement déduites ; madame de Guerry répond à M. de Cambis. C'est cette réponse qu'il est curieux et important de connaître.

Nous allons voir l'homme d'affaires, nous allons voir comment madame de Guerry était là dans sa vie, à quel point elle était vigilante pour ses intérêts personnels. Nous devons lire cette pièce dans son entier.

« Je suis bien de votre avis qu'il ne faut pas déplacer son argent. Aussi n'aurais-je pas vendu mes rentes romaines si plusieurs personnes, qui sont au fait de ces sortes d'affaires, ne m'avaient dit que c'était une valeur dans laquelle on n'avait pas une entière confiance, parce qu'il y a en circulation plus d'inscriptions qu'il n'en a été décrété dans l'origine, que, depuis, on ne voit sur quoi ont été fondé ces nouvelles créations, qui sont presque proportionnées au remboursement qui s'est fait chaque année. Il n'en est pas de même des rentes de Naples, on sait combien il y en a en circulation, et le nombre ne peut s'en accroître ; l'intérêt est à peu près le même, et on y a plus de confiance.

» Je me suis pressée de vendre parce que les rentes romaines sont, quoique loin du payement, qui n'a lieu qu'au mois de juin, plus hautes qu'elles ne l'ont été. En général, elles montent peu. De plus, on ne sait à quoi attribuer cette hausse subite de toutes les valeurs : ce n'est pas une hausse progressive comme celle qui se fait sentir habituellement, et que l'on peut, en quelque sorte, calculer. Aussi on croit que les fonds baisseront comme ils ont monté lorsque les spéculateurs qui jouent sur les fonds n'auront plus d'argent à y mettre. Je sais, comme vous le dites, que c'est une loterie, et je regarde comme des fous ceux qui, dans l'espoir de gagner, font un violent trafic, où l'on peut quelquefois gagner, et l'où on se ruine souvent. Aussi il ne s'agit que de décider quel est le meilleur placement. Ce qui m'éloignait du 5 pour 100, c'est que je ne croyais pas la loi proposée si avantageuse aux rentiers, et comme il est sous cette question de conversion, je ne puis me défendre d'une certaine crainte en voyant notre gouvernement entraîné par un ministère qu'il a été forcé de prendre par le parti républicain. S'il arrivait que ce parti devînt maître du pouvoir, même momentanément, ne pourrait-il pas réduire le 5 pour 100 à 4 ou 4 1/2, sans aucun dédommagement pour les rentiers, ou prendre quelques autres mesures qui leur serait défavorable, puisque le même parti a fait, à la première révolution, la banqueroute des deux tiers, remboursant avec des bons sans valeur. Je ne crois pas que l'on en fît autant à présent, parce que tout gouvernement a besoin d'argent, et par conséquent de ménager les rentiers.

» Quant au placement de suite, quelqu'un de très sûr qui travaille avec un agent de change m'a dit qu'il croyait que l'on gagnerait à attendre, parce que le taux où sont les fonds n'était, suivant lui, qu'une hausse factice : il paraît plus avantageux d'attendre qu'ils soient retombés à peu près au taux où ils sont ordinairement d'après la hausse progressive ordinaire.

» Quant au 3 pour 100, je n'y avais pensé que comme n'étant pas atteint par la loi de conversion, mais ce que vous en dites me fait comprendre que l'on peut compter sur une augmentation plus certaine avec le 5 pour 100. »

Voilà, Messieurs, une personne éminemment intelligente, entendant merveilleusement les affaires, gérant celles de son beau-père, celles de madame de Viart, et elle ne saurait pas faire les siennes propres !

Il faut voir ce qu'elle a fait dans la communauté, quelle autorité elle y a eue.

Quels sont ses actes? Ses actes, Messieurs, je l'ai déjà dit, je pourrais me borner aux imprimés publiés par nos adversaires et à des correspondances émanées de madame de Guerry. Est-ce que ce n'est pas à madame de Guerry qu'on écrit de tous les points de la France? Est-ce que ce n'est pas à elle qu'on écrit des maisons de Nantes, de Rennes, de Saint-Servan, de Mende, de Châtellerault, de Châteaudun? Est-ce que toutes ces maisons ne sont pas en correspondance avec madame de Guerry? Est-ce que ce n'est pas à elle qu'étaient adressées toutes les lettres émanant des supérieures locales? Madame de Guerry avait donc quelque autorité au sein de la communauté. Madame de Guerry avait droit de recevoir toutes les lettres qui étaient adressées aux différentes religieuses sans qu'elles passassent par les mains de la supérieure générale. Voici un récépissé de la poste qui est tombé dans mes mains comme tant d'autres chiffons de papier :

« Je soussigné reconnais que madame de Guerry m'a déposé le pouvoir de la supérieure qui l'autorise à recevoir les articles adressés à la maison d'éducation de Picpus. »

Dans une lettre de sœur Pauline, prieure de la maison de Paris, adressée à une dame supérieure de province, le 12 juin 1850, je lis :

« La sœur vicaire (madame Constance Jobert) également, approuve que selon les intentions antérieures de notre très révérende mère, je continue à remettre à madame de Guerry les lettres qu'on lui adresse. »

Vous savez que la circulaire que madame de Guerry avait envoyée indiquait bien qu'elle ne dépendait de personne dans la communauté ou qu'elle était autorisée à tout faire. Vous voyez que toutes les lettres, même celles qui étaient adressées à la supérieure, étaient remises cachetées à madame de Guerry. Pour constater l'étendue des pouvoirs qu'elle a exercés, je n'ai pas encore une fois des pièces régulières, je n'ai que de ces brouillons, de ces chiffons de papier qu'on jette au panier ; qu'on retrouve quelquefois et qu'on apporte à son avocat et l'avocat dit : « Qu'est-ce que c'est que cela ? » Nous en avons de toutes sortes, et c'est à l'aide de ces jalons providentiels que, contre toute espérance, nous parvenons à faire briller la vérité. Je lis dans ces chiffons de papier :

« Donné par notre mère, pour bâtir, 22,000 francs. Madame Antoinette a envoyé à notre mère 11,000 francs de don. et puis 2000 francs, à condition de donner aux sœurs de Valparaiso 50 francs par an, et faire dire des messes. »

Ce sont des comptes, des chiffres, des renseignements sur toutes les maisons, sur toutes les affaires de la communauté. C'est quelque chose de très vague que des brouillons, mais c'est précisément parce que ce sont des brouillons, que cela a de l'importance. Si c'étaient des pièces régulières et que madame de Guerry se trouvât en avoir fait faire des copies, on dirait : « Elle était économe de la maison de Paris, elle prenait la peine de copier les comptes. » Mais quand ce sont de simples brouillons de comptes, des évaluations des maisons avec des corrections de la main de madame de Guerry s'expliquant sur chaque maison, sur les prix d'achat, sur les constructions faites ou à faire ; quand ce sont des chiffres sommaires, ce qui doit servir à établir un compte, il en résulte évidemment que c'est elle qui est l'administratrice et non une simple économe qui copie des comptes réguliers. Voici une des lettres qu'écrit madame de Guerry :

« En vous quittant, ma chère sœur, j'ai couru dans ma chambre déposer le billet de 500 francs que notre mère voulait vous donner, et aussi un petit aperçu des dettes que je m'étais hâtée d'écrire.... »

Plus loin :

« Je n'avais pas eu une minute, car notre affaire m'avait occupée toute la matinée. Le procès de M. Foucher qui, comme vous le savez, voudrait prendre le mobilier de Saint-Servan, doit être plaidé le 31. J'ai cru qu'il était bon de faire un exposé de toute l'affaire à notre avocat et quelques réflexions, puis de lui envoyer quelques pièces qui peuvent lui être utiles. Pour cela, je n'ai que le temps de griffonner à la hâte. »

Ainsi elle fait des mémoires pour les avocats.

Il est question de remises de fonds à faire dans je ne sais quelle ville du nord, pour recevoir des pensionnaires et cela est signé par madame de Guerry en sa qualité d'économe.

Elle traite au nom de la communauté avec toutes les parties intéressées. On trouve la preuve de cela dans des lettres, et il y en a sans nombre. Je lis dans une d'elles écrite par madame de Guerry à la supérieure de Séez, le 1er mai 1851 :

« Je puis vous le garantir, car toutes les dépenses passent par mes mains. »

Il y a des observations de tout genre adressées par elle ; en voici des lam-

beaux : « Rennes. On a de plus acheté un terrain qui est revenu à 18,000 fr. »
Ce qui prouvera bien plus tard, nous pouvons dès à présent en faire l'observation, que la maison de Rennes n'a pas été payée des deniers de madame de Guerry ainsi qu'elle le prétend aujourd'hui. Dans toute la correspondance vous la voyez exclusivement occupée des affaires de la communauté.

« Ce qui est d'autant plus étonnant. dit-elle dans une lettre de 1851, qu'avant même d'avoir fait des demandes à ce sujet. et qu'elle eût quitté Sarlat, madame Constant lui avait écrit qu'elle retirerait de Sarlat les chefs du parti qui lui est opposé. Cela n'a pas empêché son départ, et plusieurs fois je lui ai aussi marqué la même chose.
» Nous allons, ma chère sœur, nous occuper des affaires dont vous me parlez pour Cahors. Je crois sœur Génulphe Connard à Poitiers ; je vais lui faire dire d'envoyer tout de suite sa procuration. Je n'avais pas encore, je crois, été instruite de cette affaire. Pour Agnès Boujon, son oncle ne lui a rien donné ; je croyais l'avoir marqué dans le temps. »

En un mot, Messieurs, elle fait les affaires de toutes les sœurs et de toutes les maisons. Elle écrit à sœur Narcisse :

« Je ne sais, ma bonne sœur, si vous avez reçu une lettre d'un nommé Dodereau pour avoir votre procuration, pour vous faire avoir, ainsi qu'à votre sœur, quelque chose d'une ancienne succession. Cet homme d'affaire voudrait que, votre sœur et vous, sans doute lui abandonniez un tiers de ce qui vous reviendrait. J'en ai parlé à quelqu'un ici qui est au courant de cette affaire, qui paraît terminée à peu près ; ce qui rend peu nécessaire de faire le sacrifice d'une partie. En attendant, ne signez rien du tout à ce sujet si on vous le demandait. *S'il y a quelque chose à faire, je vous le marquerai et demanderai votre procuration.* »

Madame Leblais, sœur Benjamine, a à recevoir une somme de 17,000 francs ; une lettre d'un notaire du Mans et une lettre de madame de Guerry elle-même indiquent que cet argent a été touché par cette dernière, ou a reçu la destination qu'elle a assignée.
Madame de Caqueray, sœur Herminie, touche de son notaire 20,000 francs ; elle les verse à peu de chose près, en deux fois, dans les mains de madame de Guerry, et il faut voir dans quels termes on s'adresse à elle, c'est comme à un homme d'affaires.

« La sœur Herminie, lui écrit-on, se trouve sur le point de recevoir un remboursement de 20,000 francs pour la Toussaint prochaine. Elle ne veut pas placer ses fonds ici. et elle me charge de vous prier *de vouloir bien faire ce placement vous-même.* »

Une foule de petits papiers constatent les recettes et les dépenses de madame de Guerry ; c'était à elle qu'étaient adressées les économies de toutes les maisons.
En 1850, elle écrivait à une sœur, la sœur Adèle Desage, qui avait une inscription personnelle :

« Arrivée ici, je n'avais pas oublié ce que vous m'avez dit ; aussi j'ai cherché à me rappeler la circonstance du placement dont vous m'aviez parlé. »

Dans cette même lettre se trouvent un langage et des maximes qui contrastent singulièrement avec la demande actuelle de madame de Guerry. Voici les enseignements, la loi dont elle se constituait alors l'organe.

» Lorsque nous avons abandonné ce que nous avions pour pratiquer le vœu de pauvreté qui nous a attachée, ainsi que les deux autres vœux, à notre divin époux, ce que nous avons donné *c'est à Dieu même que nous l'avons donné*. Notre but est rempli : *tout a été employé, selon nos intentions*, au soutien et à l'accroissement de la bonne œuvre dont la divine Providence a daigné nous appeler à faire partie. »

Elle ajoute :

» Mais, ma chère sœur, s'il était possible que notre congrégation fût détruite par force majeure, comme les autres l'ont été en 1793, qu'aurrions-nous de mieux à faire que nous réunir quelques-unes ensemble, autant qu'il serait possible, pour conserver les saintes pratiques? et quelles seraient celles de nous qui ne s'empresseraient pas d'aider leurs sœurs? qui voudrait avoir plus que celles à qui la religion les a unies par un lien indissoluble? *Celles qui ont les propriétés* (et c'est ce qui en assure la possession), *seraient les premières, j'en ai la conviction, à soutenir leurs compagnes.* »

Nobles sentiments qu'êtes-vous devenus? Quoi qu'il en soit, ce qui est évident c'est que madame de Guerry a tout connu, tout gouverné avec une autorité incontestable, dans le sein de la congrégation et sur la généralité de la communauté.

Qu'a-t-elle fait dans ses propres affaires? Messieurs, les pièces mêmes que mon adversaire m'a communiquées témoignent de la libre et entière gestion par madame de Guerry, de ses affaires personnelles ; elle avait de nombreux hommes d'affaires : M. Roger, M. Charrier, M. Salmon, notaire à Rennes, M. Marquis, notaire à Vannes, M. Lebutté. Si nous avions la correspondance de madame de Guerry avec tous ses hommes d'affaires, nous verrions avec quel soin, quelle vigilance elle s'occupait de tout ce qui la concernait. Nous ne la possédons pas, on se garde de nous la montrer, mais nous avons pu voir des pièces se rattachant à quelques opérations particulières, et il n'en faut pas davantage pour nous éclairer.

Madame de Guerry avait à régler sa situation avec M. de Bruck, héritier du comte de Guerry. Madame de Guerry avait reçu l'usufruit de M. de Guerry, son beau-père; un arrangement était à faire avec M. de Bruck. Voici la note et le que je trouve, à ce sujet, écrits de la main de madame de Guerry :

« Je crois que la part de M. de Bruck peut se monter à la somme de 10,000 francs de rente pour les biens des environs de Rennes et à celle de 8,000 francs pour les biens des environs de Vannes.....

» Mon douaire est de 10,000 francs, il est dû 10,000 francs portés dans mon contrat de mariage dont l'intérêt est de 500 francs. J'aurais envie que M. de Bruck en payât la rente s'il le préfère jusqu'à ma mort et qu'il remboursât les 10,000 francs à mes héritiers dans les trois mois après ma mort. »

Suivent d'autres détails.

C'est ainsi que madame de Guerry étudie sa situation, prépare ses affaires, et fait ensuite avec M. de Bruck, un traité par suite duquel elle s'est assuré une rente viagère de 9,000 francs, qui continue à lui être servie.

Ainsi, l'administratrice des affaires de tous administrait aussi pour elle-même. Madame de Guerry a dirigé ses affaires personnelles, avec une liberté complète, et elle voudrait faire triompher sa demande en vertu de la présomption que tout ce qui a passé par ses mains a été absorbé par la communauté elle-même!

Mais cette présomption ne peut être admise. Il faudrait que madame de Guerry arrivât à des démonstrations précises, et c'est là ce qui est impossible, eu égard à la situation où elle s'est trouvée. Nous voyons qu'elle envoyait des fonds, qu'on la remerciait de ces envois; mais ces fonds où les avait-elle pris? est-ce dans sa caisse particulière ou dans la caisse de la communauté? toutes les valeurs aboutissaient à elle et étaient entre ses mains. Il est impossible de dire si l'argent qu'elle envoyait aux différentes maisons provenait de sa caisse, de l'avoir de tout le monde ou de sa propre fortune. Ainsi elle ne prouve quoi que ce soit, et quant à moi, je n'ai rien à prouver; je n'ai rien à prouver, et pourtant, je vais faire la preuve contraire de beaucoup d'allégations que la défense de madame de Guerry a essayé d'appuyer sur un système de présomption inadmissible. Je n'ai pas de documents sur tous les actes de madame de Guerry, mais j'en ai sur quelques points et je vais les soumettre à la Cour. Examinons donc si madame de Guerry a fourni, de ses propres deniers, tout ce qu'elle a transmis d'argent dans les différentes communautés, et si nous ne pourrons pas trouver à cet argent une autre provenance.

D'abord, pour les capitaux, je vois un traité écrit de sa main, le 10 juillet 1825, entre M. le comte de Guerry, son beau-père, et madame Aymer de la Chevalerie, supérieure générale de la communauté. Qu'est-ce que c'est que ce traité? c'est un cas de conscience très honorable. M. le comte de Guerry déclare qu'il a été laissé entre ses mains une somme de 20,000 francs à payer aux héritiers de Servan appartenant à la ligne paternelle et à la ligne maternelle. M. de Guerry avait trouvé ceux de la ligne paternelle, mais il lui avait été impossible de trouver ceux de la ligne maternelle, et dans cette impossibilité il déposait cette somme dans les mains de madame la supérieure générale. Je ne veux pas garder cet argent, disait-il, il ne doit pas se trouver dans ma succession, je vous le remets. Si vous découvrez les héritiers, vous la leur remettrez; si vous ne les trouvez pas, je vous l'abandonne.

Voilà donc 10,000 francs qu'on pourrait trouver comme provenant de madame de Guerry et qui cependant ne lui appartiennent pas; je ne suppose pas qu'en présence du traité elle vienne les réclamer.

Maintenant que madame de Guerry dise: j'ai employé au profit de la communauté les capitaux provenant de mes indemnités d'émigré, il faut qu'on me les restitue; je comprends ce système. Mais voici encore de petits papiers et j'y vois, à la date de 1835, après la mort de son beau-père: « argent que mon beau-père m'a laissé pour faire de bonnes œuvres. »

Autre petit papier: « reçu de l'argent de mon beau-père pour employer en bonnes œuvres. Total, 51,613 francs. » Si elle a employé en bonnes œuvres 54,000 francs provenant de la fortune de son beau-père, a-t-elle le droit de nous les demander? A quel titre lui avaient-ils été remis? Pour faire de bonnes œuvres. Cela peut-il être l'objet d'une réclamation contre la communauté? Non as surément.

Sur ses capitaux, voyons comment elle établit l'entrée dans la communauté des valeurs qui lui appartiennent. Le premier capital qui figure dans le tableau dont j'ai déjà parlé est une somme de 50,000 francs, je devrais dire de 50,000 livres faisant en francs 49 mille et quelques cents francs. Cette somme de 50,000 livres lui avait été assurée dans son contrat de mariage par madame de Coislin. Il est certain qu'en effet elle lui a été transmise et qu'à la mort de madame de Coislin, en 1817, elle lui a été payée. Sur cette somme, 25,000 francs, dit le tableau de la fortune de madame de Guerry, ont servi à acquitter le prix d'acquisition de la maison de la congrégation à Rennes, et les 25 autres mille francs ont été remis à madame Aymer de la Chevalerie, supérieure générale.

Voilà ce qui est mentionné au tableau; mais voilà qui est sujet à contestation. J'ai vérifié les comptes de mon adversaire. Il y a un compte en effet de M. Lebutté qui se rapporte à l'année 1817. Ce compte constate bien qu'à la date du 1er août, M. Lebutté a reçu pour madame de Guerry une somme de 12,000 francs à valoir sur celle de 50,000 francs que madame de Coislin lui avait assurés par son contrat de mariage. Mais il dit l'emploi qu'il a fait de ces 12,000 francs; 9,700 ont été placés chez MM. Perregaux, Laffitte et Cie. Ces 12,000 francs n'ont donc pas passé du moins immédiatement dans la communauté, puisque cette somme est chez MM. Perregaux, Laffitte et Cie, jusqu'à concurrence de 9,700 fr.

Restait à recevoir 37,000 francs, je dis 37,000 francs en tenant compte de la conversion en francs du capital originaire de 50,000 livres. Madame de Guerry a-t-elle reçu ces 37,000 francs? Elle le dit, je le crois; mais je voudrais savoir ce qu'ils sont devenus. Il est malheureux qu'on nous produise les comptes de M. Lebutté depuis 1816 jusqu'à une époque assez avancée, et qu'il manque précisément celui de 1818, où devrait se trouver le reçu des 37,000 francs, ainsi que l'indication de l'emploi de cette somme. Madame de Guerry a des comptes bien en règle, bien complets; ils se suivent parfaitement d'année en année; mais celui de 1818, dans lequel nous pourrions aller chercher une explication sur ce que sont devenus ces 37,000 francs, manque, ou du moins on ne nous le montre pas. Voyons cependant l'emploi qui aurait été fait de cet argent.

Il a été affecté, nous dit-on, à l'achat de la maison de Rennes. La maison de Rennes a donné lieu à trois opérations d'achat. Il y en a une première en 1818; une seconde en 1819; une troisième en 1822. Dès 1817, madame de Guerry écrit à madame Aymer de la Chevalerie, ce qui prouve que déjà elle était en relation avec elle :

« Nous nous sommes occupés de chercher une maison comme nous en étions convenues. D'abord j'ai vu une partie de l'ancien couvent des Carmélites; cela aurait peut-être pu convenir; mais il paraît que les personnes qui viennent de l'acquérir ne sont pas déterminées à s'en défaire dans ce moment.

» Nous avons vu ensuite un très grand local qui serait un très bel établissement, les jardins sont beaux et en bon rapport : mais c'est très cher ; cela irait à près de 50,000 francs.—Enfin hier on est venu me parler d'une petite maison à vendre, j'ai été tout de suite la voir avec maman..... »

Suivent des explications détaillées sur la consistance et la distribution de la maison proposée et de ses dépendances.

Puis madame de Guerry continue :

» Il me semble que ceci pourrait convenir, on en demande 14,000 francs.

» Je voudrais bien que vous fussiez ici pour décider vous-même et faire de suite le contrat, car j'aurais le plus grand désir de voir établie le plus tôt possible une maison où notre bon Maître sera adoré et servi. Nous avons tous besoin surtout dans ce moment de redoubler de prières. Pour l'argent nécessaire à l'acquisition, je connais quelqu'un qui vous le prêtera, vous ne serez point gênée pour le remboursement et vous vous arrangeriez facilement pour les intérêts. »

Voilà la première provocation que nous avons dans nos mains à faire un établissement à Rennes.

En 1818, le 9 janvier, pas d'acquisition encore faite. Madame de Guerry écrit encore à madame Aymer de la Chevalerie. Elle n'est pas religieuse, et vous allez la voir engagée dans plusieurs établissements fondés avec des dames de la Bretagne :

« Madame, écrit-elle, nous attendons avec bien de l'*impatience* une réponse de vous. Je viens encore vous en demander une, ou plutôt *vous prier en grâce de venir voir vous-même* si la maison dont je vous ai parlé vous convient. On nous presse de donner une réponse à ce sujet, et je ne le peux pas sans que vous ayez vu vous-même, madame. Si cette maison ne vous convient pas, il y en a plusieurs autres que j'ai en vue.

» J'ai deux maisons pour lesquelles on ne gênerait pas pour le paiement. J'aurai le mois prochain une quinzaine de mille francs à vos ordres, cinq qui seront tout à vous, le reste prêté ; pour les intérêts, on vous demandera de prendre quelques enfants, et on ne pourra pas en exiger le remboursement. Cette somme pourrait peut-être même être donnée, dans la suite, à votre établissement ; ma belle-mère, j'en suis sûre, donnera différentes choses pour le mobilier : elle a promis des lits.

» Venez donc, madame, je vous en prie. Si vous ne pouviez pas entrer tout de suite en possession de la maison que vous achèteriez, nous en louerions une en attendant, si vous le voulez, afin de pouvoir commencer tout de suite votre bonne œuvre ; je me chargerai de ce loyer. En attendant, maman vous prie de venir descendre chez elle, elle a une chambre à vous offrir pour une ou deux de vos dames. »

Le 24 janvier elle écrit encore :

« J'ai eu l'honneur de vous écrire deux fois, madame, je ne sais à quoi attribuer votre silence ; sans doute vos occupations en sont la cause, aussi vous m'excuserez de venir encore vous presser de me répondre. Il y a dans ce moment des maisons, peut-être seront-elles vendues, même celle dont je vous ai parlé, de 14,000 francs, le sera sûrement pour établir les enfants de l'association de la Providence ; si elle ne vous convient pas, je crois que celle de l'Enfant-Jésus, dont on peut n'acheter que la moitié, vous conviendrait. Je vois tous les jours le bien que vos dames pourraient faire ici : depuis la maison et l'établissement, par l'abbé Rozou, d'association de la Providence pour secourir les pauvres enfants sans ressources, beaucoup de personnes dirigent leur charité vers ce but si désiré, et qui est si propre à sauver un grand nombre d'âmes. Dans la maison dont l'association des dames est chargée, on prend des enfants depuis cinq ans jusqu'à huit ans ; l'association des demoiselles prend des jeunes filles après leur première communion pour les mettre en apprentissage, mais depuis huit ans jusqu'à la première communion, on ne sait que faire de ces malheureux enfants. Je connais plusieurs personnes charitables qui ont pris intérêt à des enfants de cet âge, et qui s'en sont chargées ; mais elles ont de la peine à trouver des endroits sûrs où les mettre. Si, étant ici, vous vouliez vous en charger, vous les prendriez, j'en suis sûre, à meilleur marché qu'il n'en coûte.

» Si vous tardiez à venir, nous n'aurions plus les mêmes facilités qu'à présent. C'est dans le mois de février que nous aurons l'argent dont nous pourrons disposer, si la personne à qui il appartient n'avait point de certitude, elle serait obligée de placer d'une autre manière et l'on ne ferait pas de conditions avantageuses, comme on peut l'espérer, ayant de l'argent comptant. Comme l'acquisition ne peut être faite qu'en votre nom, il faut que vous soyez ici. Je ne doute pas que nous ne réussissions si vous le voulez. Cela dépend absolument de votre voyage ici, *venez donc bien vite, madame, je vous en supplie*. Si j'allais mourir, notre établissement n'aurait point lieu et ce serait sur votre conscience. Dès que vos dames seront ici, elles auront plusieurs jeunes filles qui se préparent à leur première communion, et qu'il est bien à craindre qui ne la fassent mal, si elles n'ont pas le bonheur d'être dans une maison où elles puissent être occupées uniquement de cette grande action. »

Autre lettre du 16 février 1818 :

« Je vous demande pardon de mon importunité. Pour aujourd'hui, je viens vous donner un peu plus de détails sur la maison que vous préférez, nous prenons l'autre pour les enfants de l'association de la Providence ; ainsi n'en parlons plus. Celle dont je veux vous parler aujourd'hui est divisée en deux, mais je crois qu'une des deux parties ne pourrait pas vous suffire, etc.. On demande du tout 49,000 francs. Je ne voudrais pas en donner plus de 38,000 francs.

» Peut-être seront-ils portés à se relâcher du prix lorsque je leur proposerai 28,000 francs d'argent comptant. Je me charge de vous trouver cette somme. Pour le reste, il faudrait leur payer l'intérêt jusqu'à ce que l'on puisse l'acquitter.

» Mandez-moi, avant que j'aille plus loin, ce que vous pensez de cela, et aussi, ce qu'il vous faudrait de mobilier. Il faut au moins des lits avec des paillasses, des draps et des couvertures.

» Enfin, mandez-moi, je vous en prie, ce qui est absolument nécessaire pour commencer l'établissement ; j'ai un peu de toile qui n'est pas belle, mais qui pourra faire quelques paires de draps ; ensuite, je tâcherai, peu à peu, au meilleur marché possible, de procurer les autres choses. »

Les lettres continuent dans les mêmes termes.

Le 3 avril, madame de Guerry écrit un billet où je lis ceci :

« Vous me trouverez bien bavarde, Madame, car je vous accable de mes lettres ; mais je voudrais de tout mon cœur que nous pussions terminer notre grande affaire, il me tarde de vous voir ici. Il y a une maison dépendante de l'ancienne maison des Carmélites (c'est celle qui va être achetée), il y a un jardin, qui n'est pas très grand, mais que, j'espère, on pourrait accroître, du reste une maison très vilaine mais où il y a une quantité de logement. Si vous n'aviez pas une si bonne compagnie dans vos maisons, j'hésiterais à vous proposer celle-là, qui pourrait, je crois, offrir beaucoup de ressources. Elle est plus au milieu de la ville et ne passe pas nos moyens ; on en demande 25,000 fr., nous trouverions cette somme. »

Et puis madame de Guerry écrit encore :

« Votre lettre m'a fait un très grand plaisir. Je vous aurais répondu plus tôt si je n'avais voulu être assurée du jour où nous ferions l'acte et où votre maison serait libre... »

« *On désire extrêmement ici, en ce moment, qu'il puisse y avoir des religieuses qui fassent des classes pour les pauvres.* Le bien que font les Frères des écoles Chrétiennes fait sentir l'utilité du même bien pour les petites filles. »

Plus loin, dans la même lettre, dans une partie écrite à quelques heures d'intervalle du commencement, madame de Guerry annonce que l'acte est fait :

« Venez bien vite, dit-elle, l'*acte est fait*, et il est porté que vous entrerez de suite en jouissance.

» Comme cela aurait souffert des difficultés, et qu'il eût été nécessaire de parler de notre affaire, j'ai préféré payer les droits ; la maison le sera aussi à la Saint-Jean, ce ne sera qu'à moi que vous devrez ; ainsi nous nous arrangerons lorsque vous serez ici. Malheureusement je ne pourrai pas donner le tout, mais au moins je ne vous gênerai pas pour le paiement. »

Elle ajoute :

« Je n'ai pas d'inquiétude, je sais de quelle confiance et de quel courage vous êtes animée ainsi que vos dames ; sans cela je n'aurais jamais osé me mêler de cette bonne œuvre, *que nous ferons, mes parents et moi, tout ce que nous pourrons pour soutenir.* »

Voilà donc la première acquisition, celle de la maison des Carmélites, faite le 24 juillet 1818. Le contrat en a été passé dans la demeure même de M. le comte de Guerry. Le notaire s'y est présenté pendant que madame de Guerry écrivait à madame Aymer de la Chevalerie : Il s'est fait en l'absence de celle-ci, qui n'en a appris la réalisation que par la lettre de madame de Guerry.

Madame de Guerry a-t-elle payé? Les lettres ne l'énoncent pas. Elle parle d'emprunts à faire; je le veux bien, sa belle-mère aura payé. Si l'on a l'ombre d'une preuve, je l'accepterai comme preuve complète. Mais enfin y aurait-il matière à restitution pour cet argent? Comment! madame de Guerry était dans la ville de Rennes; en communauté avec plusieurs dames de cette ville, elle a voulu avoir une maison de l'Adoration perpétuelle, elle a appelé avec insistance madame Aymer de la Chevalerie, elle achète une maison, elle passe l'acte en l'absence de madame de la Chevalerie. A-t-elle payé, n'a-t-elle pas payé? Je l'ignore; mais, eût-elle payé, y aurait-il matière à restitution d'une dépense faite dans de telles circonstances, quand elle disposait de sa fortune, de celle de son beau-père et de sa belle-mère, quand elle voulait à tout prix fonder une communauté, et déterminer madame de la Chevalerie à venir de Paris?

Plus tard il a été fait des acquisitions à Rennes. Une première portion de la maison de l'Enfant-Jésus a été achetée le 3 novembre 1819; la seconde ne l'a été que plus tard, en 1822. Mais, nous l'avons dit en première instance, et je ne veux pas fatiguer la Cour de détails inutiles, il y eut des emprunts, et la maison de l'Enfant-Jésus a été payée avec d'autres ressources que celles de madame de Guerry. J'abrège autant qu'il m'est possible. Relativement aux 50,000 francs qu'on prétend avoir été employés à Rennes, je dis qu'il n'est pas justifié que cette somme ait été versée. L'eût-elle été en 1817 ou 1818; sa belle-mère et elle qui sollicitaient l'établissement à Rennes d'une maison d'adoration perpétuelle, eussent-elles fourni pour cette œuvre un capital quelconque, ce capital ne devrait pas être restitué. Ainsi mettons de côté ce capital de 50,000 francs qui en aucun cas ne pourrait être répété. J'écarte donc tout de suite deux sommes de 50,000 francs: celle qu'elle a reçue de son beau-père et qu'elle a dû employer en bonnes œuvres et celle qu'elle a reçue de madame de Coislin. Sur ces deux points elle est non recevable.

J'arrive maintenant à un fait beaucoup plus important, beaucoup plus grave, celui des 151 ou 152,000 francs d'indemnités d'émigré qu'aurait eus madame de Guerry. Ceci mérite quelque attention de la Cour, car enfin si une somme de 151 ou 152,000 francs avait été apportée à la communauté par madame de Guerry, elle aurait été employée à l'acquisition d'immeubles qui subsisteraient. Voici ce que j'ai à dire en ce qui concerne cette grave question des indemnités de madame de Guerry. Elle s'explique ainsi à la page 2 de son état de fortune:

INDEMNITÉS D'ÉMIGRÉS.

« 25 novembre 1826. Liquidation est faite au profit de la marquise de Guerry, d'une indemnité de 3,000 fr. 25.

» 1er mars 1827. Liquidation est faite au profit de madame de Guerry, d'une indemnité fixée à 100,093 fr. 30.

Nota. Pour la remplir du montant de ces deux indemnités, délivrance a été faite à madame de Guerry, d'une inscription de rente 3 pour 100 sur l'état de 3,213 francs divisée en trois coupons;

» La 1re de 1,929 fr. a été vendue depuis le 28 décembre 1827, au cours moyen, a produit. . . . . fr. 43,370 03
» La 2e de 642 francs, — id. — le 22 juillet 1828 . . » 15,347 10
» La 3e de 642 francs, — id. — le 31 août 1829 . . » 17,269 80

Total. . . » 76,186 93

» Madame la marquise de Guerry craignant qu'on ne revînt sur le compte de ces indemnités d'émigrés, s'empressa de vendre les inscriptions de rente qui lui avaient été délivrées, et, par l'entremise de M. Prot, replaça ses fonds en diverses valeurs, notamment en ducats de Naples, rentes romaines et d'Espagne. »

Voilà qu'en 1827, 1828 et 1829, elle fait ces opérations qui étaient assurément des actes de gestion de sa propre fortune, et qui consistaient à recevoir des inscriptions de rentes et à les convertir en d'autres valeurs de son choix, dont nous avons vu qu'elle s'est occupée plus tard de faire la conversion en rentes 5 ou 3 pour 100.

Ces indemnités ont deux origines : les unes proviennent de la succession de Grave. Je viens de rappeler ce qui est écrit à cet égard, à la page 2 du tableau ; les autres proviennent de M. de Guerry. Voilà ce que porte, à cet égard, le tableau, page 8 :

« 5 avril. Liquidation au profit du comte de Guerry, beau-père de la marquise, d'une indemnité de 104,346 fr. 88.

» *Nota.* Pour remplir M. de Guerry du montant de cette indemnité, délivrance

lui a été faite d'une inscription de rente 3 pour 100 sur l'État, de 3,130 francs
ou 3 coupures, savoir :

» La 1re de 1,878 francs, vendue depuis le 18 juin 1828,
moyennant le cours . . . . fr.   44,051 62
  » La 2e de 626 francs — id. — 22 juillet 1828 . . .   »   17,111 60
  » La 3e de 626 francs — id. — 31 août 1825 . . . .   »   16,785 60

                                    Total. . .   »   77,948 82

» C'est madame de Guerry qui à raison de ce qu'elle administrait alors les
biens de son beau-père a fait emploi de cette somme en diverses valeurs, notamment en ducats de Naples, rentes romaines et d'Espagne.

» Depuis et par son testament, M. le comte de Guerry a fait legs à sa belle-
fille des valeurs représentatives de ces indemnités d'émigré. »

Pas plus les indemnités provenant de la succession de Grave que celles de M. de
Guerry n'ont été absorbées par la communauté et n'ont servi à payer, tantôt
Nantes, tantôt Valparaiso, Chartres ou Saint-Servan, ce qui ferait en tout
150,000 francs.

Madame de Guerry, nous dit-on, a mis ses indemnités dans les mains de
madame de Viart, et madame de Viart en a fait ce qu'elle a voulu. Nous lisons
en effet, à la page 29 de la brochure rose de nos adversaires :

Madame de Viart à Sœur Cléonisse, à Valparaiso (1841, 18 janvier).

« . . . . . . .Parlons des affaires d'intérêt.

» Songez que si la Providence a permis que la bonne mère ait eu quelques
avances peu d'années avant de mourir, procurées par les indemnités de quelques-
unes de nous dont vous pouvez avoir entendu parler, et que j'aie trouvé quelques-
unes de ces avances, quand Dieu m'a appelée à remplacer cette bonne mère,
quoique bien indigne ; songez, dis-je, que cette sainte fondatrice avait traversé
son long règne, quoique encore trop court, dans la gêne, la pauvreté, n'ayant pas
quelquefois pour le lendemain. et je vous dirai que me voilà dans cette position,
ayant épuisé les avances dont je viens de vous parler, à faire des fondations tant
qu'elles se sont présentées, comptant sur la Providence. »

Voilà donc, nous dit-on, que madame de Viart atteste qu'elle a pourvu aux
besoins de la communauté à l'aide des indemnités de quelques-unes des sœurs.
Madame de Viart a eu des indemnités personnellement, nous l'avons prouvé
jusqu'à concurrence de 148 ou 150,000 francs ; c'est le compte de son homme
d'affaires que j'avais tout à l'heure sous les yeux. A ces indemnités sont venues
se joindre celles de madame de Gouvello qui, depuis, est devenue supérieure à
Nantes. Madame de Gouvello a reçu 80,000 francs qu'elle a versés dans la communauté, et qui, plus particulièrement que d'autres sommes, ont servi aux travaux faits à Nantes. Je suis obligé de présenter à la Cour les petits papiers que
nous avons ramassés où nous avons pu, et j'y vois que d'autres sœurs ont eu
également des indemnités. Voici une note de la main de madame de Guerry rela-
tive à une succession Guiot et à des indemnités d'émigré qui en dépendaient,
pour des biens dans la Charente.

Quand madame de Viart écrit :

« Songez que si la Providence a permis que la bonne mère ait eu quelques avances peu de temps avant de mourir procurées par les indemnités de quelques-unes de nous... »

Elle ne dit pa que ce sont les indemnités de madame de Guerry qui ont servi à faire les paiements dont il s'agit. Je crois même que madame de Viart dit le contraire. Et en effet voici un chiffon de papier de 1838 ou 1839 adressé à la maison-mère par la maison de Cahors :

« Nos maisons n'ont pas une juste idée des moyens de la maison principale, il n'y a eu que nos indemnités qui aient apporté quelque aisance momentanément. On en a beaucoup perdu sur l'Espagne. J'en ai trouvé à mon arrivée, elles ont été placées à Saint-Servan et à Chartres, et nous voilà retombées dans la position où la bonne mère a toujours été, c'est à dire dans la plus grande gêne. »

Des quelques lettres écrites par madame de Viart, il ne résulte pas du tout qu'il soit question d'indemnités ayant appartenu à madame de Guerry; il en résulte seulement que les indemnités qu'elle a reçues ont été employées pour payer : Chartres, 37,000 francs; Saint-Servan, 59,000 francs. Et quand madame de Guerry dit que Saint-Servan a été payé de ses deniers ou au moyen de ses indemnités, nous lui répondons : Non. Et indépendamment de la déclaration de madame de Viart, nous avons ce petit papier de la main de madame de Guerry dont il faut tirer la conséquence :

1835. Il y avait en caisse, le 26 mai.	40,000	
Le 14 novembre, vendu les rentes d'Espagne.	144,040	85
	184,040	85
1835. Pour la maison de Saint-Servan	59,000	
Pour celle de Chartres.	35,000	
Pour Valparaiso.	60,000	
Total.	154,000	
Reste.	27,040	85
Reçu de Paris.	34,000	69
Placés	61,044	54

Voilà l'écrit que j'avais communiqué en première instance à mon adversaire, voilà ce qui est parfaitement d'accord avec ce que dit madame de Viart, c'est que Saint-Servan et Chartres ont été payés avec les indemnités de madame de Viart, et ce qui va compléter la preuve que les indemnités de madame de Guerry n'ont pas été employées à acquérir ces maisons, c'est qu'elles ne sont pas même entrées dans la Communauté, c'est qu'en effet elles sont toujours restées entre ses mains et qu'elle n'a pu ni dû en disposer. Nous avons vu que les indemnités d'émigrés appartenant à madame de Guerry se divisaient en deux parties : l'une lui venant de la succession de Grave, l'autre lui provenant de legs à elle fait par son beau-père M. de Guerry.

Voyons d'abord quelle a été la destination des indemnités léguées par M. de Guerry.

C'est madame de Guerry elle-même qui va nous l'apprendre dans une note écrite de sa main, et curieuse sous plus d'un rapport.

Comment madame de Guerry est-elle devenue légataire de son beau-père, à quelles conditions? Cette note dit tout. Nous la lisons sans commentaire, la Cour appréciera.

« Mon beau-père et ma belle-mère avaient marié leur fille à M. de Novet, gentilhomme sans fortune, qui l'a rendue aussi heureuse qu'il était possible ; mais lui-même ne l'a pas été, parce qu'elle était d'une santé détestable, ce qui la rendait d'un caractère très bizarre. M. de Novet avait une sœur et une nièce qu'il aimait beaucoup; en mourant il les recommanda à son beau-père et à sa belle-mère. Madame de Novet, à sa mort, en fit autant; aussi ces demoiselles demeuraient habituellement avec nous. Mon beau-père et ma belle-mère avaient fait de concert leurs testaments par lesquels ils donnaient à ces demoiselles, après la mort de l'un et de l'autre, deux belles métairies. Ce testament de ma belle-mère a été annullé par elle; elle a tout donné à mon beau-père, qui a donné à l'héritier de ma belle-mère tout ce qu'il tenait d'elle. Je fus chargée, à la mort de ma belle-mère de prévenir madame de Novet du don qui devait lui être fait. Sur cette assurance, elle arrangea un mariage pour sa nièce avec un jeune homme de ses parents sans fortune, mais qui plaisait à sa nièce et à elle, et qu'il savait qui ne la quitterait pas. Elle écrivit à ce sujet à mon beau-père; elle aurait désiré qu'il eût assuré dans le moment quelque chose. Mais voici ce que je fus chargée de répondre au nom de mon beau-père : « Mon père me charge, ma chère ..., d'être
» son interprète auprès de vous et de vous assurer, ainsi que Mathilde, de toute sa
» tendresse; il n'a rien changé à ses dispositions et n'est nullement dans l'intention
» de les changer. Il est dans l'intention que si Mathilde se marie, ses enfants pro-
» fitent de sa bonne volonté pour elle. Il désire bien, ainsi que moi, qu'elle trouve
» un établissement convenable et qui puisse la rendre heureuse comme elle le
» mérite. Je suppose qu'il n'y a rien de bien avancé, puisque vous ne me dites
» pas de qui il est question. »
» Après la mort de ma belle-mère, il était si triste, si malheureux dans des lieux où tout lui rappelait le souvenir de ce qu'il avait perdu, que je l'engageai à venir à Paris. Ces demoiselles firent ce qu'elles purent pour le retenir. Il y vint, et de là il leur écrivait, de temps en temps, des lettres très aimables, où il les appelait ses chères filles et leur disait qu'il serait toujours le même pour elles; mais comme elles étaient très contrariées de le voir à Paris, et que leurs lettres lui donnaient des regrets et une sorte d'inquiétude et de désir de retourner chez lui, j'en ai soustrait plusieurs. Une personne de son pays nous dit un jour que ces demoiselles devaient retrouver beaucoup d'indemnités, et que mademoiselle de Novet donnait sa nièce comme devant avoir 8000 francs de rente. Je répétai cela plusieurs fois à mon beau-père, pour lui montrer qu'elle avait tort de se plaindre. J'avoue que je lui en voulais un peu de chercher ainsi à troubler la tranquillité dont mon beau-père jouissait à Paris, d'autant plus qu'elle savait, sans que je lui en eusse parlé, les engagements qui m'y retenaient. Je ne puis douter que ce que j'ai dit à mon beau-père n'ait contribué à faire changer ses dispositions envers ces demoiselles. Dans son testament il disait :
« Je donne en pleine propriété à mademoiselle de Novet, la métairie de la M...,
» dépendances et valeurs de revenu annuel 550 francs, pour entrer en jouissance
» à mon décès. » (Cette métairie est donnée à la tante.)
« Je donne à mademoiselle de B..., la métairie de ... et dépendances, valant
» de revenu annuel 540 francs, pour entrer en jouissance à mon décès. » (Celle-là est pour la nièce.) Ce testament est du 16 août 1822. »

« Le codicile porte :

« D'après de mûres réflexions , ne trouvant pas juste de frustrer d'une partie
» de mon bien mes héritiers légitimes qui ont beaucoup d'enfants, je révoque les
» dons faits par mon testament à mademoiselle de Novet et à mademoiselle de
» B..., des métairies de ... Ma chère bru en jouira sa vie durant comme de
» mes autres biens. Ils retourneront à sa mort à mon neveu. » (Il est en date du
» 21 mars 1828.)
» Mon beau-père est mort le 10 juin 1831.
» Dans un précédent codicile, mon beau-père me donnait ce qui lui revenait
des indemnités, mais ce n'était qu'un moyen d'arranger ses affaires, car il me
chargeait de ce soin, voulant même, comme il est dit dans son premier codicile,
qu'en cas de discussion sur l'exécution de son testament et codicile, que
ses héritiers et légataires s'en rapportent à ma décision et à ma volonté, et il
ajoute que si on ne voulait pas la suivre, il m'institue légataire universelle de
tous ses biens. J'ai dit que mon beau-père ne m'avait donné ses indemnités que
pour me donner la facilité d'arranger ses affaires, parce qu'il m'avait dit que son
intention était, que ce qui resterait de ces indemnités, ses affaires arrangées,
retournerait à son neveu après moi.
» Pour me conformer à ses intentions, j'ai fait faire les partages entre son héritier et celui de sa femme.
» Quant à ces demoiselles, après la mort de mon beau-père, elles m'écrivaient
qu'il avait manqué à l'honneur en changeant ses dispositions, que je devais l'en empêcher, qu'au moins j'aurais dû les en prévenir dès l'instant où j'en ai eu connaissance. Il est certain que mon beau-père ne m'a jamais montré son testament, mais
que j'avais su, par quelques paroles qu'il avait dites à ce sujet, qu'il l'avait changé.
Madame de Novet ajoutait qu'elle n'aurait jamais arrangé ce mariage pour sa
nièce sans la certitude où elles étaient qu'elles auraient ces deux fermes, que cela
l'avait empêchée de faire un bon mariage avec un gentilhomme qui avait 5000 francs
de rente, qui l'avait demandée deux fois, que cela perdait leur avenir et faisait
pour toujours leur malheur, et, dans le fait, elles étaient dans une position
pénible. Elles avaient eu de l'indemnité environ 50,000 francs entre elles deux,
mais elles avaient compté sur le fonds commun qui a été perdu par la révolution
de 1830, ainsi que des pensions qu'elles avaient l'une et l'autre sur la liste
civile, ce qui les a laissées dans un état de gêne. Cela n'a pas empêché le
mariage projeté de se faire, il était arrangé depuis longtemps, et les jeunes
gens étaient attachés l'un à l'autre.
» L'idée que l'on pouvait, avec quelque raison, accuser mon beau-père d'injustice, et que l'on pensait que j'avais, avec les personnes de la maison, contribué à
faire changer ses dispositions pour jouir de l'usufruit de ces deux fermes, comme
du reste de sa fortune, m'était insupportable. Jamais mon intention n'avait été
de profiter de cet avantage; aussi, dès que les affaires ont été arrangées et le
droit de mutation payé, j'ai envoyé à ces demoiselles 10,000 francs et un billet
de 200 francs que mademoiselle de Novet me devait. J'ai depuis envoyé
1500 francs à la nièce et remboursé à leur acquit un billet de 1400 francs que
mademoiselle de Novet avait emprunté de mon beau-père, ce qui fait près de
15,000 francs. Jusqu'au moment où j'ai fait des arrangements avec l'héritier de
mon beau-père, j'ai laissé à ces demoiselles la jouissance d'un appartement
qu'elles occupaient dans la maison de mon beau-père, je leur ai laissé différentes
petites choses qu'elles m'ont demandées, et j'ai marqué à la nièce que je me
chargerais de l'éducation de sa fille. Je pensais que cela pouvait suffire pour
m'acquitter de ce que pouvait valoir l'usufruit des deux fermes et au delà. Mais

ayant eu occasion de voir mademoiselle de Novet, elle m'a répété avec amertume les mêmes plaintes, disant que ce que je leur avais donné n'était rien par rapport au tort qu'elles avaient essuyé, que les deux fermes avaient été augmentées, qu'elles valaient plus de 50,000 francs, que je devais consulter, tout cela tant pour moi, qui devais les avertir, et que mon beau-père avait chargée d'arranger ses affaires, que pour lui, qui pouvait souffrir pour cette injustice. »

Voilà ce que nous trouvons à l'égard des indemnités venant à madame de Guerry de M. de Guerry, son beau-père. Elle avait attiré son beau-père à Paris où elle lui donnait des soins, où elle s'occupait de l'administration de ses biens. M. de Guerry avait en Bretagne des nièces qui auraient voulu le rappeler, elles lui écrivaient. Madame de Guerry avait pris des précautions pour que les lettres ne lui arrivassent pas. Enfin son beau-père a fait un codicile par lequel ses indemnités lui sont attribuées, mais ne lui sont attribuées que pour liquider ses affaires, cette liquidation faite, le reste devant retourner à son neveu. Tout cela est parfaitement expliqué par madame de Guerry elle-même. Elle dit qu'elle a donné 15,000 francs pour soulager sa conscience à l'occasion de ce codicile qu'elle a obtenu. Ces 15,000 francs elle ne les réclamera probablement pas dans les 75,000 francs provenant des indemnités de son beau-père. N'est-il pas certain et, pour l'honneur de madame de Guerry elle-même, peut-on contester que les indemnités de son beau-père avaient été consacrées à liquider les affaires de celui-ci et que, s'il en était resté quelque chose, ce reliquat elle l'aurait donné au neveu de son beau-père? Assez donc sur les 75,000 francs d'indemnités de M. de Guerry.

Restent les indemnités provenant de la succession de Grave. D'abord madame de Guerry n'a pas vendu ces indemnités en 1835; elle ne les a pas vendues en 1836, elle ne les a pas vendues en 1837 quand on a payé Chartres. Non, quand on a envoyé de l'argent pour payer cette acquisition, les indemnités de madame de Guerry étaient encore dans ses mains, elle en constate l'émission dans l'*établissement de sa fortune*; elle dit ici, au chapitre des revenus: que ces 150,000 ou 151,000 francs d'indemnités, de rente de Naples, rente romaine, rente d'Espagne, représentent le produit de la vente des diverses indemnités d'émigrés qui n'ont été vendues que de 1840 à 1846.

Si elle n'a vendu ces 150 ou 151,000 francs de rentes qu'en 1840, il est certain que cela n'a pas servi à payer en 1835, 1836 ou 1837, cela est incontestable. Il est certain que tel n'a pas été l'emploi fait par madame de Guerry; cela résulte de ses propres déclarations. Mais enfin, comme nous cherchons des traces, des documents partout, le hasard nous en fournit partout. Voici un mot, où madame de Guerry explique la conduite qu'elle a eu à tenir au sujet du testament de son oncle: moi qui regarde ces petits papiers de tout côté, je me disais qu'est-ce que c'est que cela? mais cela dit précisément le contraire de ce qu'on plaide au nom de madame de Guerry, car j'y trouve l'avis donné par un agent de change d'une vente de valeur faite au mois de mai 1840. Tout est d'accord dans les documents épars que nous rassemblons avec tant de peine: les notes de madame de Guerry, la somme des rentes et des indemnités. Quand madame de Viart ajoute: *et d'autres sœurs*, c'est de madame de Gouvello qu'elle entend parler, laquelle, en 1837, versait des sommes considérables, plus de 50,000 francs, pendant que la totalité des indemnités de madame de Guerry était dans ses mains, puisqu'elles n'ont été vendues qu'en 1840, et plus tard encore. Que sont-elles devenues? c'est ce que nous allons voir; mais malgré nos incertitudes, je trouverais qu'elles n'ont pas pu être employées à Nantes, puisque Nantes a été payé par fractions avec l'argent de madame de Viart ou de madame de Couvello, comme je le disais il y a un instant.

Quoi qu'il en soit, je cherche la preuve que les 76,000 francs d'indemnités de madame de Graves n'ont pas été versés dans la caisse de la communauté en 1840, et que madame de Guerry a gardé les inscriptions converties en 3 p. °/₀. *Pourquoi aurait-elle écrit à M. de Cambis, pourquoi aurait-elle demandé des conseils sur la manière de bien placer ses ducats*, si elle les avait versés dans les mains de la communauté? les lettres expliquent les motifs de sa conduite. Elle voulait, en 1840, aliéner ces valeurs étrangères, pour acquérir du 3 ou du 5 p. °/₀. Voilà ce qu'elle débattait avec M. de Cambis, voilà ce qu'elle a fait; et quand, en 1853, nous la voyons sortir de la communauté en prescrivant de prendre *toutes les inscriptions en son nom*, je dis qu'elle a fait ce qu'elle voulait faire, qu'elle les a converties en rentes françaises, en inscriptions, que ces inscriptions sont restées et qu'elle les possède encore.

Il me reste à m'expliquer sur un capital de 100,000 francs provenant d'une transaction qu'elle aurait faite en 1829, avec le marquis d'Avaray. Elle déclare, et il y a lieu d'être convaincu, que cette somme de 100,000 francs a été employée pour payer la maison de Châteaudun. Tâchons ici de bien nous comprendre : madame de Guerry aurait reçu 100,000 francs en 1829, et elle les aurait gardés jusqu'en 1834, époque à laquelle a été achetée la maison de Châteaudun ; ces 100,000 francs lui auraient été remis, en espèces d'or et d'argent, le jour de la transaction, et elle les aurait ainsi gardés en espèces métalliques, sans en retirer le moindre intérêt, elle qui veillait à l'administration de sa fortune avec le soin le plus scrupuleux ! Non, non, cela n'est pas vrai. Ces 100,000 francs, si elle les avait reçus, elle les aurait placés d'une manière quelconque pour en retirer un produit quelconque; elle ne les aurait pas gardés ainsi improductifs pendant cinq ans.

Madame de Guerry a-t-elle reçu cette somme? Oui, dit-elle, et j'ai remis 80,000 francs à M. Augustin Coudrin; c'est avec cet argent que M. Coudrin a acquis sous le nom de sa sœur, mademoiselle Henriette Coudrin, la maison de Châteaudun. L'acquisition a été faite moyennant 90,000 francs, divisés en deux paiements : 45,000 francs comptant; 45,000 francs à terme. Mais alors pourquoi la procuration est-elle donnée par mademoiselle Henriette Coudrin à M. Augustin Coudrin? Pourquoi l'acquisition est-elle faite au nom de mademoiselle Coudrin? Pourquoi ne l'est-elle pas au nom de madame de Guerry, qui, dans l'occasion, a été titulaire d'acquisitions semblables? Il n'est pas question d'elle, mais de mademoiselle Henriette Coudrin, qui donne procuration à son frère d'acheter la maison, qui paie 45,000 francs comptant, et s'oblige à payer 45,000 francs dans quinze ans.

Il y a plus, pour s'assurer qu'on aura l'argent à l'échéance, et qu'on pourra payer au plus 5 pour 100 d'intérêt, on fait un placement en rentes. Si c'est l'argent de madame de Guerry, si généreusement apporté par elle, et conservé métalliquement depuis 1829 jusqu'en 1834, pourquoi n'est-il pas placé en son nom en rentes, en inscriptions ou autrement? Il ne l'est pas; il s'agit d'une rente au capital de 45,000 francs, et elle est achetée au nom de mademoiselle Henriette Coudrin. Je ne dis pas non; mais enfin il n'y a pas de preuves que ce soit l'argent de madame de Guerry qui ait servi à constituer sur la tête de mademoiselle Henriette Coudrin le capital de 45,000 francs, destinés à payer plus tard la seconde moitié de la maison de Châteaudun.

Ce qui m'a donné de la confiance sur toute cette affaire, c'est ce que je vois à la page 30 de la brochure rose publiée par nos adversaires, où madame de Viart parle des dettes qu'elle a été obligée de contracter.

Circulaire de madame de Viart (1846, 4 janvier et 24 octobre).

« Oui, j'ai tout épuisé des avances ou ressources extraordinaires qui étaient survenues *comme les indemnités de quelques-unes de nous*, mais les fonds de conséquence n'ont pas été entamés. »

Tout est donc expliqué.

L'échéance des 45,000 francs arrive, il faut vendre l'inscription prise au nom de mademoiselle Henriette Coudrin, on la vend à perte et madame de Guerry qui veut absolument que ce soient ses 100,000 francs d'Avaray qui aient servi à cela nous dit encore page 30 de la même brochure :

« Madame de Guerry donne les 90,000 francs. On paie au vendeur 45,000 francs; quant aux 45,000 francs de surplus, comme ils n'étaient payables qu'à une majorité, M. Coudrin les emploie à l'acquisition d'une rente 5 pour 100 au nom de sa sœur Henriette Coudrin.

» Arrive le moment de payer le solde du prix : on vend l'inscription. Les cours de la rente sont bas; la vente de l'inscription ne produit pas 45,000 francs; madame de Guerry complète au moyen de 6 à 7,000 francs. »

C'est faux. Nous l'avons démontré en première instance. Nous allons prouver que le solde avait été payé au moyen d'un emprunt contracté avec un M. Grindel, et que M. Grindel n'avait été remboursé qu'en 1851 au moyen d'un effet souscrit par madame Desaigremont. Nous avons montré que la prétention de madame de Guerry était un mensonge, ou au moins une erreur, pour me servir d'un mot poli.

Me ÉMILE OLLIVIER. — C'est une erreur.

Me BERRYER. — Vous nous dites que c'est une erreur quand nous vous apportons la quittance; permettez-moi de vous répondre que vous parlez d'erreur après la démonstration de la fausseté de la preuve produite par vous.

Je me résume sur ce point. Oui, la maison de Châteaudun a été achetée 90,000 francs en 1834, oui, la moitié a été payée comptant et le montant de la seconde moitié assurée par une inscription de rentes au nom de mademoiselle Henriette Coudrin ; mais madame de Guerry ne figure pour rien dans tout cela, ces paiements ont été effectués par d'autres indemnités que les siennes.

Madame de Guerry prétend avoir reçu 100,000 francs de son neveu, je prouve qu'elle ne les a pas reçus. C'est une de ces énonciations qu'on jette dans un acte pour s'assurer que plus tard il n'y aura aucun recours sur un partage loyalement fait de part et d'autre, et qu'aucune réclamation ne sera élevée à l'occasion de la succession d'une sœur religieuse.

Voici ce qui s'était passé. M. le duc d'Avaray ayant deux enfants avait laissé la moitié de ses biens à M. le marquis d'Avaray son fils, et indépendamment de cette moitié, il lui avait fait un legs particulier. En 1829, quand on va faire un lotissement des terres, on dit : ce lotissement se fera par tiers : un tiers pour les droits du marquis d'Avaray, un tiers pour les droits successoraux de madame de Guerry, et au bas de cette transaction on écrit :

« Art. 11 reconnaît madame la marquise de Guerry avoir reçu de monsieur le marquis d'Avaray fils, la somme de 100,000 francs qui lui est comptée à titre de transactions, en espèces sonnantes..... »

Je dis que c'est là une clause qu'on fait introduire souvent pour fermer à des héritiers la porte à des contestations sur des partages consommés.

Cela est si vrai qu'en 1837 un partage définitif a lieu, je le consulte et j'y vois qu'on n'y récapitule en aucune façon la clause introduite dans la transaction de 1829. Je vois qu'on y fait le compte de tout ce que madame de Guerry a reçu de la succession à quelque titre que ce soit et à quelque époque que ce soit, et qu'il n'est pas dit un mot relativement aux 100,000 francs qu'elle aurait reçus en 1829. On rappelle la transaction, on ne dit pas le moins du monde que madame de Guerry ait reçu 100,000 francs, on dit à quelle époque elle a reçu 8 ou 10,000 francs. Non, les 100,000 francs n'ont pas été reçus, le partage définitif est clos sans qu'il y soit dit nulle part que dans la transaction de 1829 madame de Guerry ait reçu les 100,000 francs, je maintiens donc qu'elle ne les a pas reçus, que dans tous les cas ils n'auraient pas été employés à Châteaudun. Vos allégations à l'égard des revenus ne sont donc pas vraies, elles ne le sont pas davantage à l'égard de vos capitaux. Qu'en dehors de ces sommes énormes de 1,200,000 à 1,300,000 francs vous ayez versé quelques capitaux, je ne le nie pas, mais ces capitaux sont de peu d'importance. Vous voyez donc que M. de Grave ne nous a jamais payé les 100,000 francs dont vous nous demandez les revenus. Il reconnaît en 1855 qu'il vous doit 160,000 francs capital et intérêts. Les 18,000 francs que vous avez reçus de lui c'étaient déjà des intérêts accumulés.

Ainsi, Messieurs, je puis écarter en masse les capitaux comme les intérêts; mais je puis écarter évidemment du procès les 51,000 francs reçus par madame de Guerry de son beau-père destinés à faire des œuvres de charité, les 50,000 francs de madame de Coislin qui ont été reçus à l'époque de l'affaire de Rennes. Et quant aux 151,000 francs d'indemnités, à l'égard surtout des 76,000 francs qu'elle a reçus de son beau-père, j'affirme qu'elle n'a pas dû, qu'elle n'a pas pu les faire entrer dans la communauté, puisque, si elle l'eût fait, elle eût manqué aux lois de l'honneur, aux recommandations dernières et sacrées de son beau-père. Non, non, il n'est pas vrai que madame de Guerry ait versé dans la communauté ces 76,000 francs dont elle n'avait pas le droit de disposer.

Quant à celles venant de la succession de Grave, j'ai expliqué comment elles avaient été l'objet d'une transformation de valeurs. Madame de Guerry a vendu et acheté non pour verser dans la caisse de la communauté, mais pour les convertir en rentes et en inscriptions qui, avec l'accroissement du capital, pouvaient assurer l'accroissement de sa fortune personnelle. Ces inscriptions sont dans ses mains, elles ont été emportées en 1853.

Quant aux petits capitaux que vous avez apportés dans une collaboration sainte, qui ont été la source du travail de chacun et qui sont la ressource de toutes, les viendrez-vous réclamer? mais il faudrait pour cela rendre vous-même à vos compagnes ce qu'elles ont apporté. Eh bien ! rendez donc à ces sœurs qui sont sorties du monde, qui en sont sorties à votre appel, pour vivre avec vous dans la retraite, rendez-leur ce qu'elles ont apporté, rendez-leur leurs soins, leur travail, le sacrifice de leur existence, le concours qu'elles vous ont fourni dans vos œuvres de charité, dans l'éducation des enfants pauvres et le soulagement des malades, rendez-leur leurs veilles, leur jeunesse, leur vie tout entière, rendez-leur tout cela! Est-ce que vous n'avez pas fait un acte d'association avec elles, est-ce que l'activité, l'intelligence, le concours du pauvre ne valent pas l'argent du riche avec lequel il s'associe?

Societas coiri potest inter eos qui non sunt æquis facultatibus, pauperior operâ suppleat.

Oui, oui, vous avez fait une association valable, conforme au droit civil, pour un temps illimité et que vous ne pouvez pas rompre et délivrer des conditions des articles 1869 et 1870 du Code Napoléon.

Maintenant, Messieurs, il me resterait la question de droit ; mais je craindrais en m'y engageant de prolonger outre mesure votre audience.

Audience du 15 février 1858.

Messieurs, je crois vous avoir démontré à la dernière audience qu'en fait et en équité, la prétention de madame de Guerry était mal fondée, qu'elle était inadmissible et devait être repoussée. Permettez-moi de rappeler bien sommairement les points principaux de cette trop longue discussion. J'ai senti le besoin de répondre d'abord à ces plaintes de spoliation, d'accaparement, de dépossession complète, qu'on faisait retentir au nom de madame de Guerry. Je vous ai dit au vrai sa situation présente, maintenant qu'elle est séparée de la congrégation dans le sein de laquelle elle a vécu pendant 35 ans; je vous ai dit et j'ai prouvé que madame de Guerry possède encore la totalité des abandonnements qui lui ont été faits dans la succession de M. le duc d'Avaray, son grand-père. Je vous ai dit que dans la succession de Grave elle possédait encore ce qui lui avait été transmis par madame sa mère, et que cette possession était établie par un acte récent du mois de janvier 1855, acte par lequel M. le marquis de Grave se reconnaît débiteur envers madame de Guerry d'une somme de 160,000 francs qui représentent un capital de 100,000 francs et des arrérages accumulés depuis longues années. J'ai dit aussi que dans cette succession de Grave les indemnités qui avaient été attribuées à madame de Guerry subsistaient encore entre ses mains et qu'elles étaient représentées par une somme d'inscriptions de rentes dont nous n'avons pas le chiffre, mais dont l'existence est certaine et constatée par les propres écritures de madame de Guerry, par sa propre correspondance, par les lettres qu'elle adressait de Rome aux sœurs qui embrassèrent son parti à cette époque et se trouvaient encore à Picpus. J'ai ajouté que, quant à la succession de son beau-père, madame de Guerry jouissait des usufruits qui lui avaient été légués, et que ces usufruits étaient représentés par une rente viagère de 9,000 francs, constituée et servie par M. de Bruck; que, quant aux indemnités qui lui provenaient de

M. de Guerry, elle les avait reçues avec une destination spéciale, avec l'obligation de les employer à liquider les dettes de M. le comte de Guerry et de transmettre au neveu de M. de Guerry tout ce qui resterait en excédant de cette liquidation. Ces faits sont incontestables et justifiés par les écrits de madame de Guerry elle-même.

J'ai ajouté qu'elle était en possession comme titulaire, non pas en son nom seul à la vérité, mais sous la condition de survivance, conjointement, tantôt avec un, tantôt avec deux, tantôt avec trois membres de la communauté, de propriétés considérables, qui appartiennent à cette communauté; que parmi les sœurs qui se sont retirées avec elle, se trouvaient encore des personnes comme madame Célinie de Constant et madame Jobert qui possèdent en leur nom personnel et en leur seul nom des habitations, des propriétés qui également appartiennent à la communauté; que telle était la situation je peux dire opulente des 21 sœurs qui veulent fonder une communauté à part, et s'établir comme congrégation nouvelle dans la maison dite la Trinité, sise rue de Douai, à Paris. Je n'ai pas appuyé sur des considérations particulières qu'il était délicat de développer dans une audience civile. J'aurais dû seulement, à l'égard de ces éventualités, faire remarquer à la Cour que madame de Guerry a pris ses précautions, et que vous pouvez lire au bas des consultations qu'elle s'est fait donner, que, dans tous les cas, en se retirant, elle aurait le droit de retenir, de garder toutes ces chances d'éventualités sur les propriétés qui sont en son nom, *à titre de rétention et de sûreté*, ce sont les mots des jurisconsultes consultés par elle. Il y a donc une grande réalité de fortune dans les éventualités que madame de Guerry partage avec les sœurs qui l'ont accompagnée, sur les différentes propriétés que je vous ai signalées. Ce que je ne vous ai point dit, c'est que madame de Guerry peut établir si elle le veut, à l'aide de ses ressources, et avec opulence, sa nouvelle congrégation; mais ce qu'il lui faudra, et je ne dis qu'un mot à cet égard, ce sera nécessairement de rentrer sous l'obédience de l'ordinaire, sous l'autorité de monseigneur l'archevêque de Paris. Dans cette maison dissidente, la chapelle est interdite, la présence du Très-Saint-Sacrement n'est pas réservée; il faudra qu'on obtienne que ces défenses soient levées; l'autorité spirituelle a déclaré que la séparation était désapprouvée; par prières et par injonction, madame de Guerry et ses compagnes ont été invitées à revenir dans la communauté; il leur est interdit de retenir des sœurs dans la maison de la Trinité, d'y recevoir des novices, d'y avoir des élèves, d'y prendre pour directeurs des frères dissidents : il faudra que tombent ces interdictions, en un mot il faudra régulariser tout ce qui se fait, tout ce qui se passe aujourd'hui et qui est formellement blâmé et condamné par les autorités auxquelles toute congrégation religieuse doit être d'abord soumise, c'est-à-dire l'autorité ecclésiastique, l'autorité de l'évêque du lieu, et l'autorité du saint-siège.

Cela dit, et à côté de la position de madame de Guerry, je vous ai fait connaître la situation des 130 personnes qui composent encore la congrégation de Picpus, répartie en France dans 24 établissements. Je ne reviens pas sur les explications que j'ai données à l'égard de la dissolution de cette grande communauté, ni sur ce qu'aurait de désastreux la dispersion de ces femmes qui ont été appelées à venir y consacrer leur vie, à qui, en retour de leurs sacrifices et de leur dévouement, un asile a été promis, et qui se trouveraient ainsi aux jours de leur vieillesse jetées dans un monde inconnu et vouées à la misère : rien ne peut dépeindre ce qu'une telle situation aurait de déplorable et d'affreux.

J'ai ajouté que madame de Guerry était sortie de cette communauté sous un faux prétexte, que le motif respectable qu'elle invoque pour expliquer sa conduite est dénué de fondement, que ce n'est pas par attachement à la règle, car, durant seize ans, la communauté a subsisté avant que cette règle ne fût faite : j'ai dû faire remarquer qu'en effet cette règle n'avait été établie et consacrée qu'en 1825 ; que, par conséquent, elle avait été introduite bien des années après la fondation de la communauté, plusieurs années après que madame de Guerry y était entrée et avait fait ses vœux. J'ai ajouté que cette règle a reçu des sœurs elles-mêmes, en 1838, certaines modifications ; que celle des frères a été modifiée en 1840 ; qu'en 1841, si je ne me trompe, le saint-père a dit : « *Quant a présent*, il n'y a pas de modification à faire à la règle en ce qui touche les sœurs ; » que cette règle a subi plus tard d'étranges altérations acceptées par madame de Guerry, lorsque durant deux années, une sœur vicaire a exercé les fonctions de supérieure, en violation des prescriptions mêmes de la règle ; qu'enfin, ce n'était que la volonté d'avoir une supérieure de son choix, au gré de son affection, qui avait déterminé madame de Guerry à se séparer ; que madame de Guerry est sortie de la communauté dans des conditions qui rendent sa demande inadmissible ; qu'elle est sortie en abusant de sa position d'économe générale et de son autorité sur quelques sœurs qui étaient à Paris pendant qu'elle était à Rome et par lesquelles elle a fait enlever de la communauté toutes les archives, tous les titres, toutes les pièces de comptabilité. Le fait est justifié non pas seulement par les lettres dans lesquelles elle préparait ses attaques et ses prétentions judiciaires, mais par toutes ces publications où nous la voyons produire des documents qui ne lui appartiennent pas, qui appartiennent à la communauté. De tous ces faits j'ai conclu que madame de Guerry ne pouvait pas loyalement venir demander un compte à la communauté qu'elle a dépouillée, par ses précautions mêmes, de tous moyens d'établir un contrôle et de discuter les répétitions élevées contre elle. Madame de Guerry, voulant échapper à ces objections, introduit un système intolérable de présomption. Cette présomption, elle la puise dans la règle dont elle abuse, dans la soumission, dans l'abnégation des sœurs sous l'autorité des supérieurs, dans le dépouillement de leur personnalité sous le vœu d'obéissance, et elle vous dit : « Si j'établis que j'ai pu posséder telles et telles richesses, la présomption est que tout ce que j'ai eu, que tout ce que j'ai pu posséder a été absorbé par la communauté dans laquelle je n'étais qu'un être obéissant et passif. »

J'ai répondu que ce système était inadmissible, que les rôles étaient intervertis, que c'était à madame de Guerry de justifier de l'entrée de sa fortune dans la communauté et de l'emploi qu'elle en avait fait elle-même, parce que telle avait été sa position, que non-seulement elle était économe générale, mais l'unique administratrice de la fortune commune ; que pendant tout le temps de son séjour à Picpus, elle avait joui d'une indépendance absolue, sans contrôle, à l'égard de sa propre fortune ; que ce fait n'était pas contestable, qu'elle-même l'avait reconnu par écrit dans sa lettre du 19 octobre 1853. J'ai prouvé qu'elle avait administré la fortune de madame de Viart longtemps avant que cette dernière ne fût supérieure générale, comme elle l'a administrée depuis ; que, vivant en dehors de la communauté, elle avait gouverné de 1822 à 1831 la fortune de M. de Guerry, son beau-père, et qu'elle a géré les affaires particulières de plusieurs autres sœurs, ainsi que les affaires générales de la communauté; qu'enfin, en présence de pareils faits, il est évident que le système de madame de Guerry ne peut pas un instant se soutenir; qu'ayant disposé librement de sa fortune elle ne peut pas être admise à en demander compte à d'autres. Non, il n'est pas possible qu'elle vienne demander, en se fondant sur une simple présomption, ce que sont devenues les diverses successions auxquelles elle a pu être appelée. Le moindre inconvénient de la situation dans laquelle elle était, serait l'impossibilité de discerner les remises d'argent qui proviennent de sa propre fortune, de celles qui provenaient de dons, ou de dots, ou enfin des bénéfices de la communauté, puisque toutes ces sommes se concentraient en ses mains comme économe générale, comme administratrice de fait de la communauté.

Cela dit et écartant le système de la présomption, j'ai examiné les preuves que sur quelques points madame de Guerry a voulu produire. Elle a signalé des capitaux importants qui auraient été, dit-elle, appliqués à des acquisitions au profit de la communauté. A cet égard, veuillez vous rappeler 3 ou 4 chiffres principaux. Elle aurait versé d'abord de 50,000 à 60,000 francs dans la caisse de la communauté. Ce premier capital provient de M. de Guerry et nous trouvons de la main même de madame de Guerry la preuve qu'il lui avait été remis pour être employé en bonnes œuvres : il ne peut donc pas être de sa part l'objet d'une répétition.

Quand au second capital qu'elle prétend avoir appliqué à la communauté, c'est-à-dire, les indemnités reçues dans les successions de Grave et de Guerry, et qui s'élèvent à une somme de 150,000 francs, j'ai dit qu'il n'était pas vrai que ce capital eût été employé aux acquisitions des maisons de Chartres, de Saint-Servan et de Valparaiso; qu'il n'avait pas été appliqué aux affaires de la communauté, parce que : 76,000 francs provenant de M. de Guerry avaient reçu une destination spéciale dont madame de Guerry ne pouvait pas s'écarter; que sans manquer à la foi, à l'honneur, à la loyauté, elle n'avait pas pu disposer à son gré des fonds dont l'emploi lui avait été imposé par M. de Guerry. Quant à la seconde portion des indemnités s'élevant à 75,000 ou 76,000 francs qui provenaient de la succession de Grave, j'ai établi que madame de Guerry l'avait conservée, qu'elle l'avait convertie en valeurs diverses, en ducats de Naples, en rentes romaines, en rentes d'Espagne et que postérieurement elle s'était occupée, non pas de réaliser ces valeurs diverses pour les verser dans la caisse de la Société, mais de les convertir en autres valeurs pour obtenir un accroissement de capital, c'est-à-dire en valeurs françaises, soit en 3, soit en 5 pour 100.

Reste enfin un capital de 100,000 francs à l'existence duquel je ne crois pas. J'ai dit à l'égard des 100,000 francs qui lui auraient été remis en espèces métalliques en 1829, par transaction entre le marquis d'Avaray et sa nièce, que cette somme n'avait figuré dans l'acte que pour détourner toutes réclamations sur l'inégalité du partage; que cette somme qui aurait été remise à madame de Guerry en 1829 et qui aurait été gardée par elle sans être placée jusqu'en 1834, n'est rappelée en aucune façon dans le partage définitif qui a eu lieu entre le marquis d'Avaray et madame de Guerry en 1837.

Voilà les observations que je vous ai présentées sur les grands capitaux. Il n'a donc pu être appliqué par madame de Guerry selon sa volonté, pour un emploi déterminé par elle et exécuté par elle, que des capitaux d'une très médiocre importance et sur le détail desquels je n'ai pas dû insister. Il me serait resté à dire quelque chose sur les revenus, sur cette prétention de réclamer les revenus dont elle a disposé selon sa volonté, librement pendant 35 années. Mais cette prétention est tellement inadmissible que je ne m'arrêterai pas à la réfuter. Je me bornerai à quelques observations sur la manière dont se produisent dans l'état de la fortune de madame de Guerry diverses indications relatives aux revenus qu'elle prétend avoir le droit de répéter. Ainsi elle porte 48,000 ou 50,000 francs pour son douaire, qui lui auraient été payés par son beau-père depuis 1815 jusqu'en 1831, c'est-à-dire pendant beaucoup d'années durant lesquelles elle n'était pas encore dans la congrégation, années pendant lesquelles il y a parfaite certitude que ce douaire n'était pas servi par M. de Guerry à sa belle-fille, mais qu'il a été compensé par les dispositions testamentaires faites en sa faveur.

Elle fait figurer, dans ses revenus supposés, une somme considérable tant pour le capital dû par M. de Grave que pour les intérêts par lui dus. Or il est constaté par l'acte de 1855 que M. de Grave a ajouté au capital de 100,000 francs dont il reste débiteur les arrérages arriérés qui ont élevé sa dette à 160,000 francs. Il est donc certain que ces arrérages n'ont pas été versés dans la communauté et que la réclamation de madame de Guerry est dérisoire : ces arrérages ne devraient pas figurer dans la revendication de ses revenus.

En résumé sur les revenus ce serait 200,000 francs au moins qu'il faudrait déduire, à supposer que de ce chef, ce qui est inadmissible, une répétition pût être exercée par madame de Guerry.

Arrivons à l'examen de l'affaire au point de vue du droit.

On vous a dit : « Les règles ordinaires ne sont point applicables dans cette cause, il faut sortir des maximes accoutumées et vous rappeler les grands principes de droit public qui doivent dominer ici et protéger les réclamations de madame de Guerry, religieuse s'adressant à d'autres personnes comme elle engagées en religion. Ce qui serait une obligation, un lien entre particuliers libres ne l'est pas entre religieuses d'une communauté non autorisée. Tout ce qui s'est passé entre elles, tout ce qui s'est fait a eu lieu dans l'intérêt d'une communauté illégalement constituée ; par conséquent tout ce qui s'est fait est nul d'une nullité absolue, parce que l'existence de cette communauté est contraire à la loi, est un fait illicite contraire à l'ordre public. »

C'est la première fois qu'une telle contestation est soulevée par une religieuse contre la congrégation dont elle a fait partie, et surtout après le grand nombre d'années que madame de Guerry a passées dans la communauté de Picpus. Ce système d'illégalité d'existence en fait d'une communauté, ce système de nullité de tous les engagements contractés, dans son sein, durant cette existence de fait, est produit par madame de Guerry tout à la fois contre la congrégation à laquelle elle s'était liée librement, et, ce qu'il y a de singulier, en faveur de cette même congrégation qu'elle veut établir en un autre lieu et qu'elle soutient devoir être l'ordre de la stricte observance. Ainsi pour arriver à reconstituer une congrégation religieuse, en déclarant qu'elle continuera l'œuvre ancienne et qu'elle a le droit de la continuer, elle fait plaider que cette institution est illégale dans son existence et que la nullité qu'elle proclame est fondée sur des principes d'ordre public. Cette nullité absolue qu'on attache à l'existence de fait des congrégations religieuses, est, vous a-t-on dit, une des bases de notre droit public; c'est le résultat et la conséquence des principes consacrés par tous les monuments de la législation française, par les actes les plus solennels de nos rois et de nos grands corps de l'État, par la jurisprudence constante des parlements. On a été plus loin : c'est la législation de tous les peuples ! Ces principes remontent à la plus haute antiquité; aucune association de religieux ne peut exister, ne peut être tolérée, ne peut rester valablement debout, si elle n'a pas été sanctionnée par l'autorisation expresse du pouvoir civil. C'est un principe de notre droit public qu'on a prétendu invoquer. Mais ce droit public français, pour le reconnaître et tel qu'il est aujourd'hui, ne remontons pas trop loin. Il est inutile d'aller par delà Justinien, interroger je ne sais quelle rubrique des institutions de Gaïus; inutile, pour établir notre droit français, d'aller dépouiller de quelques paragraphes je ne sais quelle Novelle des empereurs romains ; en remontant si haut, en allant si loin, on arrive à une épaisse confusion d'idées, aux plus dangereuses méprises historiques et législatives. C'est trop peu tenir compte, et de la différence des temps, et de la différence des mœurs, et de la différence des constitutions, et des lois sur lesquelles reposèrent des sociétés, dont on ne peut sous aucun rapport assimiler le droit public. Oublions ces débris des lois romaines et passons à Charlemagne.

C'est alors, Messieurs, en effet, qu'a été consacrée en France la concorde de la puissance spirituelle et de la puissance temporelle. C'est sous ce grand prince dont Bossuet a dit : « que ses conquêtes semblaient n'avoir été faites que pour la dilatation du règne de Dieu; » c'est sous lui que l'union du sacerdoce et de l'empire fut cimentée; c'est sous lui et par la puissance de ce grand prince temporel que les conciles ont été rétablis; c'est sous lui et par lui que l'autorité des anciens canons a été restituée; c'est par lui et sous lui qu'on a vu renaître la discipline dont on s'était jusque-là si malheureusement écarté. Aussi depuis cette époque, depuis ce règne, l'union intime de l'Église et de l'État fut la base de la constitution, fut le principe vivifiant de la monarchie française. Ce n'est pas le moment et ce n'est pas le lieu d'examiner quelles ont été les conséquences politiques d'un état de choses où l'ordre spirituel et l'ordre temporel se trouvaient si étroitement liés, où le prince du siècle et le prince de l'Église se sont dit : *Dextram dextræ jungamus, gladium gladio copulemus.*

Ces maximes, ce système politique ont conduit les divers États du monde chrétien à des résultats bien dissemblables. Pour n'interroger que notre propre histoire, si nous admirons à travers les siècles ce qui fut religieux et sage, saint et royal sous le règne de saint Louis, nous rencontrons plus tard nos guerres de religion, l'épée du prince poursuivant l'hérésie, et ces querelles de doctrines qui agitèrent encore si étrangement la première moitié du siècle philosophique qui nous a précédés.

Mais je n'ai à parler ici de cette antique union en France de l'Église et de l'État, qu'au point de vue de l'influence qu'elle a eue sur les anciens édits, sur les lois spéciales, sur les règles du droit civil, sur les arrêts que l'on prétend faire revivre aujourd'hui pour annuler dans la cause actuelle des engagements contractés volontairement, exécutés avec liberté et que la seule honnêteté publique devrait faire respecter.

Les conséquences, en France, de l'accord des deux puissances furent naturelles et même nécessaires; l'engagement religieux devint un engagement envers l'État; la consécration d'un homme, d'une femme, dans la vie monastique entrainait un changement dans sa condition civile, dans son existence civile, en un mot, ce fut, non seulement dans l'ordre spirituel mais dans l'ordre civil, la mort au monde. Celui qui entrait en religion était mort civilement, c'est l'expression dont on a dû se servir pour caractériser la véritable position des personnes vouées à la vie monastique. Puisque l'engagement religieux était un engagement envers l'État, la loi fut nécessaire quand elle investit l'État du droit de pénétrer dans l'engagement religieux, de le vérifier, de l'autoriser. Pourquoi cela? C'est que le prince, comme dit Fénelon, était l'évêque du dehors tenant le glaive à la porte du temple, pour faire respecter les saints canons. Comme le dit Domat, il était l'exécuteur des lois de l'Église. Le roi faisait respecter l'engagement pris envers elle, il le reconnaissait, le vérifiait, l'approuvait. La justice du roi contraignait le religieux à demeurer fidèle à ses vœux et l'obligeait à rentrer dans le couvent s'il prétendait se soustraire aux obligations de la vie religieuse qu'il avait acceptée.

Voilà le principe, la base légitime et raisonnable d'une interdiction absolue de vivre dans une communauté qui n'avait pas reçu la consécration du pouvoir temporel chargé de faire respecter la loi intérieure de toute communauté, chargé de maintenir dans l'ordre civil l'engagement spirituel contracté conformément aux lois canoniques. Telle était la législation ancienne, et j'en reconnais parfaitement l'harmonie.

Les interdictions ont été prononcées, dans un intérêt religieux, contre des établissements religieux dont l'existence n'avait pas été approuvée, validée par le pouvoir politique; je reconnais que cette interdiction a pu aussi être introduite, dans la suite des siècles, par des considérations d'ordre matériel. Ainsi, il sera vrai de dire que l'intérêt de ne pas laisser s'accroître démesurément la quantité des propriétés ecclésiatiques, a pu avoir quelque influence sur les édits qui prohibèrent l'établissement de congrégations religieuses sans autorisation du pouvoir royal. Je comprends que la possession de biens religieux avec toutes les immunités dont jouissaient les biens de l'Église, ait été une raison, pour l'État, de prendre des mesures sévères à l'égard des communautés dont les statuts n'avaient pas été soumis à l'autorité civile. J'entends cela, mais je maintiens que si vous étudiez l'époque de chacun des édits qu'on vous a cités, l'édit de 1629, l'édit de 1666, l'édit de 1749, vous reconnaitrez, Messieurs, que les causes d'agitation religieuse dans le royaume étaient telles alors, qu'elles ont prescrit plus impérieusement cette interdiction d'existence sans approbation préalable des statuts, sans consécration de l'établissement religieux par le pouvoir royal. Ainsi, quand Richelieu, dans sa poursuite militante contre le protestantisme, faisait l'édit de 1629, assurément, ce n'était pas la question fiscale qui le préoccupait, il voulait avant tout et surtout poursuivre l'hérésie en vertu de cette autorité civile, royale, protégeant les dogmes de l'Église. Il voulait poursuivre l'hérésie. Pour cela, il lui fallait pénétrer dans les consciences, dans l'esprit de toutes les communautés religieuses, savoir sous quels principes, selon quelles doctrines elles vivaient. De là, interdiction contre quiconque n'avait pas ouvert sa poitrine sous le regard du ministre pour montrer que l'hérésie n'était pas entrée dans son cœur. Quand, en 1666, un autre édit fut rendu, rétablissant les interdictions que vous invoquez, c'était au temps où se développait le jansénisme, avant que Louis XIV eût fait labourer le champ de Port - Royal pour y poursuivre une doctrine condamnée à Rome, quand se manifestèrent des hésitations, des contradictions au sein même de l'épiscopat français, pour maintenir l'unité catholique qui était menacée, avant la révocation de l'édit de Nantes, l'autorité civile voulut pénétrer dans toutes les fondations, dans toutes les institutions des corps religieux. Plus tard nous voyons surgir cette série d'arrêts par lesquels le parlement intervenait pour condamner un curé à donner l'absolution ou à porter le saint viatique aux malades. Cette intromission du pouvoir civil dans ce qu'il y a de plus intime entre la conscience et le ministère religieux, manifestait les conséquences extrêmes de l'union, ou plutôt de la confusion des deux puissances.

En 1749, est-ce que le roi ne commence pas son édit par dire, qu'il profite de la paix générale obtenue après la bataille de Fontenoy, pour mettre fin aux dissensions ?

Les agitations du jansénisme, du formulaire et de la bulle *Unigenitus* renaissaient alors, mais pour poursuivre dans des associations non autorisées les hommes dont les doctrines semblaient être dangereuses, contraires à la paix publique, Louis XV ne fit après tout qu'un édit bursal.

Voilà l'ordre ancien, voilà la législation ancienne : unité de religion en France, nulle liberté de conscience, la mort civile dans l'engagement religieux, nulle liberté d'association religieuse sans la consécration du pouvoir civil, est-ce là ce que notre adversaire revendique aujourd'hui?

Méconnaissez-vous donc l'ordre nouveau qui a rendu aujourd'hui inapplicables et sans analogie, toutes les législations anciennes, toutes leurs raisons d'être, tous les arrêts des parlements, tous les édits des rois, dont vous voulez faire encore la base de je ne sais quel ordre public contre lequel nous protestons?

L'ordre nouveau, le voici : c'est la séparation de l'Église et de l'État; c'est la distinction absolue de l'ordre temporel et de l'ordre spirituel; c'est pour l'autorité politique, pour l'autorité civile l'interdiction de se mêler aux choses de la religion, de pénétrer dans la conscience humaine, et d'intervenir dans ce qui n'est qu'un engagement entre l'homme et Dieu, entre le chrétien et la sainte Église. Tel est l'ordre nouveau; nous allons en voir les conséquences légales.

La pensée qui sépare complétement ce qui est de l'ordre civil et ce qui est de l'ordre religieux crée entre eux une distinction absolue. Elle implique que ces deux puissances doivent être désormais indépendantes l'une de l'autre. Cette base de notre nouveau droit public parut être élevée avec franchise, avec modération, avec prudence, au commencement de la révolution de 1789. Le principe posé de la séparation des deux pouvoirs, il a fallu en déclarer les conséquences. La première et la principale était d'écrire en tête des lois nouvelles, que l'État ne reconnaît plus de vœux religieux. Un homme, un grand jurisconsulte dont le nom ne retentit jamais dans les enceintes judiciaires sans recevoir un témoignage de respect, M. Treilhard, rapporteur de la loi du 13 février 1790, proclama le principe nouveau qu'il s'agissait de consacrer, et voici ce que je lis dans son rapport :

« .   .   .   . Mais, en cessant de protéger des liens qui blessent plusieurs individus, doit-on rompre la chaîne de tous? En venant au secours du religieux fatigué de son état, ne devez-vous pas protéger celui qui désire y vivre encore ? Votre comité a pensé, Messieurs, que vous donneriez un grand exemple de sagesse et de justice lorsque, dans le même instant où vous vous abstiendrez d'employer l'autorité civile pour maintenir l'effet des vœux, vous conserverez cependant l'asile du cloître aux religieux jaloux de mourir sous leurs règles.

» C'est pour remplir ce double objet, que nous vous proposons de laisser à tous les religieux une liberté entière de quitter le cloître ou de s'y ensevelir. . .

» Sans doute, Messieurs, *vous ne refuserez pas à ces maisons le droit et le moyen de se régénérer.* Mais, dans le moment où tous les regards se tournent vers la liberté, *nous sommes loin de vous proposer d'admettre une perpétuité de vœux que l'inconstance des esprits et l'instabilité des choses ne sauraient comporter.* »

A la suite de ce rapport, l'Assemblée nationale décrète comme article constitutionnel :

« *Que la loi ne reconnaîtra plus de vœux monastiques solennels de personnes de l'un ni de l'autre sexe.* »

Voilà le point de départ des jurisconsultes, hommes sages encore, esprits éminents sentant le besoin de transformer cette vieille société française dont les institutions et le droit public avaient eu dans le temps passé leur raison d'être, mais devaient, sous le mouvement inévitable du temps, des intelligences, des idées, des intérêts, des besoins, faire place à d'autres lois. Une telle transformation s'était déjà opérée dans les faits, qu'un changement immense de la législation était devenu nécessaire. Ceux qui interrogeaient cette situation de la société, qui, connaissant bien le passé, préparaient l'ordre nouveau dans lequel il fallait entrer, voulaient opérer ce passage avec sagesse et disaient: «Séparation de l'Église et de l'État, indépendance respective du pouvoir temporel et du pouvoir spirituel; l'État ne doit point pénétrer dans les choses qui sont du domaine de la conscience. La liberté sera entière; mais nous ne reconnaissons plus les vœux solennels. L'homme qui a fait de tels vœux et à qui il convient de les observer, peut leur rester fidèle; celui qui en est las et veut s'en affranchir, qu'il sorte librement : il n'y aura plus d'arrêts du Parlement pour le condamner à rester moine malgré lui. Vous n'ôterez pas, dit Treilhard, à ces âmes libres, à ces esprits indépendants, vous n'ôterez pas à ces consciences désireuses de la retraite, le droit d'y vivre en paix, vous ne leur ôterez pas le moyen de se régénérer. »

Cet enchaînement de principes était juste, sage, complet; mais, j'en conviens, il resta à l'état de théorie dans la pensée de la commission de l'Assemblée nationale; on ne mit point alors en pratique ce nouveau droit public dont nous sommes en possession aujourd'hui, ordre nouveau que nous avons atteint avec de grandes difficultés. Quand de telles transformations générales s'opèrent, quand se font des changements si profonds dans l'organisation et la législation d'un peuple, ce n'est pas chose facile que de développer avec justesse, avec prudence, avec discernement, la pensée qui a marqué le point de séparation entre le passé et l'avenir. Hélas! ne le voyons-nous pas dans toutes choses, et n'est-ce pas la préoccupation de tous les hommes qui s'occupent loyalement des intérêts les plus chers et les plus sacrés de leur patrie? Quand un changement devient inévitable, utile, nécessaire, ne voyons-nous pas les résistances de ceux qui demeurent obstinément attachés aux idées anciennes, craignant que si on s'en écarte en un point quelconque, la société tout entière ne périsse? n'apercevons-nous pas, de l'autre côté, la colère, l'irritation, la violence, la peur de retourner vers le passé, agiter les partisans des idées nouvelles, les précipiter dans des excès de tous genres, pour combattre la pensée de ceux qui regrettent les institutions anciennes dans le doute du mérite des innovations? Ni les uns ni les autres ne voient dans une mesure équitable et raisonnable le progrès dont la société peut être appelée à jouir. C'est ce qui est arrivé en 1789. M. Treilhard proposait de proclamer le principe de liberté, le droit pour tout homme d'obéir à sa conscience, de suivre ses croyances religieuses, de se consacrer à Dieu en communauté avec ceux que la même foi inspire. Séparer seulement l'existence en religion de l'ordre politique, c'eût été trop sage. La loi de 1790 ne se borne point à déclarer que l'État ne reconnaît pas les vœux religieux : elle supprime les ordres et congrégations réguliers où l'on fait de pareils vœux, elle défend qu'il en soit établi de semblables à l'avenir; elle ajoute, il est vrai, qu'*il ne sera rien changé, quant à présent, à l'égard des maisons chargées de l'éducation publique et des établissements de charité*: mais cette exception ne subsista guère. C'était bien la moindre des choses de disperser les moines et de renverser les monastères, quand l'emportement des esprits allait les mener à proscrire et immoler les prêtres, à interdire en France toute espèce de culte, à bannir Dieu même de la société française.

Le retour contre ces violences a été lent. Les situations politiques ont une grande part aux oscillations de la législation. Si vous parcourez nos annales depuis l'époque du concordat, vous voyez renaître un très grand nombre de congrégations et de nouvelles se fonder. Quelques-unes, par des dispositions spéciales, sont frappées immédiatement d'interdiction, d'autres sont protégées. Le temps marche, la loi prohibitive est maintenue. Un décret renouvelle l'interdiction de la vie religieuse, de la vie monastique. Puis l'Empire avance : son caractère et sa pensée se manifestent par des décrets successifs. Certains ordres religieux sont maintenus, d'autres sont supprimés. On excepte encore ceux qui donnent des soins aux malades ou s'occupent d'éducation publique. En un mot, pendant cette période de travail politique, il y a de grandes hésitations, de grandes contradictions dans les dispositions sans nombre intervenues pour protéger ou combattre tour à tour les congrégations religieuses.

Cependant, qu'en fait, des communautés inoffensives aient été respectées par le gouvernement, pendant cette période, c'est ce qu'on ne peut nier, et je n'en voudrais pour exemple que la congrégation de Picpus fondée en 1801, à Paris, au centre de l'Empire où elle a subsisté publiquement sans autorisation spéciale. Tel a donc été, dans sa marche tour à tour impétueuse et incertaine, ce premier travail d'enfantement d'un nouvel ordre d'idées et de principes ; travail toujours si difficile chez un peuple, quand sont encore debout les générations qui ont connu l'ordre ancien, qui lui furent attachées et qu'ont épouvantées les violences par lesquelles on est entré dans la voie nouvelle.

C'est ainsi que nous arrivons à la fin de l'Empire ; alors la Charte paraît. L'article V de cette Charte porte textuellement :

« Tout Français professe sa religion avec une égale liberté, et obtient pour son culte une même protection. »

De ce jour le principe de liberté est consacré, il est posé invariablement, il peut être invoqué par tous. De ce jour est entière la libre profession pour chacun de sa religion. Le catholique à qui son Église dit, non pas qu'on ne peut vivre chrétiennement que quand on est enfermé dans un cloître, mais que la voie de la perfection c'est de se vouer au service des hommes, au service de la charité, à l'intercession, à la prière ; de ce jour, le catholique est libre d'entrer dans la vie religieuse et de s'y consacrer. C'est une liberté qui n'a pas de limite, et, comme le disait avec raison Portalis en 1830, une liberté qui n'est pas en action, une liberté purement théorique n'étant pas une liberté, ce serait un vain mot que la liberté de conscience, la liberté des cultes, la liberté des professions religieuses écrite dans la Charte, si elle ne pouvait pas se réaliser dans les faits.

Voilà le principe revenu à ce qu'il devait être : liberté dans l'ordre religieux, liberté dans l'ordre civil. On ne tient aucun compte de votre engagement religieux, on ne le connaît pas, il ne change pas la condition de la personne ; la personne reste dans tous ses droits, dans la généralité de ses facultés comme citoyen, comme membre du corps social, comme membre du corps politique.

C'est alors, Messieurs, que le besoin des âmes, la lassitude, le dégoût des choses temporelles, le besoin d'aspirer aux choses éternelles, et enfin, ce qui est plus exact encore, ce qu'il y a de plus noble parmi les hommes, le besoin de se consacrer au service des autres, de détruire l'ignorance, de se dévouer à l'éducation gratuite du pauvre, tous ces besoins divers de la société ont amené la création des divers ordres religieux. Les congrégations religieuses se sont formées. Comme leur nombre s'accroissait de jour en jour, il a bien fallu poser des règles, et alors vont se produire dans notre législation nouvelle non pas l'interdiction de la liberté, non pas l'abolition de ce droit acquis, consacré, de se vouer à la vie religieuse, d'entrer dans la vie religieuse, d'y contracter des engagements ; non pas l'interdiction, mais une distinction ; cette distinction est celle-ci.

Parmi les congrégations religieuses il en est qui seront reconnues par l'État et qui recevront la consécration du pouvoir public. Celles-là, pourront recevoir par testaments ou d'une autre manière les avantages qui leur seront faits. Tel est le principe de la loi de 1817. En 1825 une autre loi intervint spéciale aux communautés de femmes. En voici les art. 1er, 2e et 4e :

« ART. 1. — A l'avenir, aucune congrégation religieuse de femmes ne pourra être autorisée, et, une fois autorisée, ne pourra former d'établissement, que dans les formes et sous les conditions prescrites par les articles suivants :

» ART. 2. — Aucune congrégation religieuse de femmes *ne sera autorisée* qu'après que ses statuts, dûment *approuvés par l'évêque* diocésain, auront été vérifiés et *enregistrés au Conseil d'État*, en la forme requise pour les bulles d'institution canonique. Ces statuts ne pourront être approuvés et enregistrés, s'ils ne contiennent la clause que la congrégation est soumise dans les choses spirituelles à la *juridiction de l'ordinaire*.

» Après la vérification et l'enregistrement, *l'autorisation sera accordée par une loi* à celles de *ces congrégations qui n'existaient pas au* 1er janvier 1825. A l'égard de celles de *ces congrégations qui existaient antérieurement au* 1er *janvier* 1825, *l'autorisation sera accordée par une ordonnance du roi.*

» ART. 4. — Les établissements dûment autorisés pourront, avec *l'autorisation spéciale du roi* :

» 1° Accepter les biens meubles et immeubles qui leur auraient été donnés par actes entre-vifs ou par acte de dernière volonté, à titre particulier seulement ;

» 2° Acquérir à *titre onéreux* des biens immeubles ou des rentes ;

» 3° Aliéner les biens immeubles ou les rentes dont ils seraient propriétaires. »

Et puis, à la suite de ces articles viennent les formalités prescrites aux communautés préexistantes qui veulent être autorisées :

« Dans le cas de révocation prévu par le premier paragraphe, les membres de la congrégation ou maison religieuse de femmes auront droit à une pension alimentaire, qui sera prélevée: 1° sur les biens acquis à titre onéreux ; 2° subsidiairement, sur les biens acquis à titre gratuit, lesquels, dans ce cas, ne feront retour aux familles des donateurs et testateurs qu'après l'extinction desdites pensions.

» ART. 8. — Toutes les dispositions de la présente loi, autres que celles qui sont relatives à l'autorisation, sont applicables aux congrégations et *maisons religieuses de femmes autorisées* antérieurement à la publication de la loi du 2 janvier 1817.

» La présente loi, discutée, délibérée et adoptée par la Chambre des pairs et par celle des députés, et sanctionnée par nous cejourd'hui, sera exécutée comme loi de l'État, etc., etc. »

Il y a, comme vous le voyez, deux situations bien reconnues par la loi : les congrégations qui demandent l'autorisation de se fonder, et les congrégations préexistantes dont l'existence n'est pas condamnée, qui n'ont pas reçu l'autorisation, qui la demanderont, si bon leur semble. Remarquez bien que la loi ne dit pas, qu'à défaut de demander l'autorisation, les institutions préexistantes sont dissoutes, n'ont pas le droit de subsister. La loi ne dit pas même dans quel délai les communautés dont la préexistence est reconnue seront obligées de demander l'autorisation. Aucun délai n'est fixé par la loi, la loi ne prononce pas l'annulation, la dissolution des congrégations préexistantes ; la loi ne détermine aucun délai pour que ces congrégations reçoivent la consécration de l'autorité publique.

Est-ce que l'autorisation fait autre chose qu'investir la congrégation d'une personnification civile? L'autorisation, la reconnaissance par l'autorité publique la constitue comme corps, comme être collectif, en un mot, comme personne civile pouvant agir. Voilà le résultat de l'autorisation. L'autorisation suppose la préexistence : il faut d'abord que la congrégation se fonde, qu'elle s'établisse, qu'elle vive et qu'on sache s'il lui est utile ou non de recevoir plus tard l'autorisation.

C'est ainsi que se trouvent deux situations qui sont la conséquence de notre ordre de choses, de la séparation de l'Église et de l'État, de la distinction de deux principes. Vous avez le droit de vivre selon votre conscience dans tel ordre de congrégation, sous *telle loi religieuse qui vous convient*; l'État ne connaît pas l'engagement que vous avez pris à cet égard. Que si, comme communauté, vous voulez avoir la vie d'un être collectif, vous vous ferez autoriser, accepter, sans quoi vous n'avez pas d'existence légale, mais vous n'en avez pas moins l'existence de fait, vous ne perdez pas votre capacité personnelle ; ceux qui entrent dans ces communautés sont toujours *integri status.*

Ce serait chose étrange de dire qu'on ne reconnaît pas les vœux monastiques, et puis de dire à celui qui les a faits qu'il est atteint d'incapacité, par cela seul qu'il a fait un vœu que la loi ne reconnaît pas et auquel elle n'attribue aucune conséquence civile. Ces trois choses restent debout : liberté de conscience, liberté de culte, liberté de recevoir pour la perfection de sa religion tous les conseils de l'Église à laquelle on appartient, liberté par conséquent de consacrer ses jours à la vie monastique.

A côté de cette liberté, la capacité civile restant, l'exercice de tous les droits civils qui appartiennent à tout citoyen, lui demeurant propre et intégral, et enfin chacun en particulier jouissant pleinement du droit commun; voilà la deuxième conséquence.

La troisième conséquence, c'est que dans cet engagement religieux, il n'y a rien qui forme un lien civil, rien, par conséquent, qui donne à la communauté l'existence légale qui la constitue en être collectif, en personne, pouvant se produire sous un nom qui lui appartienne; la communauté n'existe pas sans la sanction de l'État.

En présence de ces conséquences de notre législation nouvelle, de la liberté des âmes, de la capacité des personnes et enfin du défaut d'existence d'une autorisation légale, il est évident qu'il n'y a pas de question qui s'engage; et quant au point de savoir si l'existence de la communauté est licite, il faut envisager trois points très différents à l'égard des trois puissances, des trois pouvoirs parfaitement tranchés, parfaitement indépendants qui ne peuvent plus désormais envahir l'un sur les autres. Il faut considérer la communauté religieuse au point de vue de la liberté, envisager la communauté non autorisée à l'égard de l'État, et l'envisager enfin au regard du pouvoir judiciaire qui a ses droits mais qui a aussi ses limites, et qui ne peut pas envahir ce qui appartient à l'autorité politique, à l'autorité publique, gouvernementale. Voilà trois points qu'il faut examiner pour arriver à une solution vraie de la question qui nous occupe

Et d'abord, à considérer la communauté religieuse au point de vue de la conscience, il n'y a qu'un mot à dire, la liberté nous est acquise. Est-ce de votre bouche que nous sera contesté la plénitude de la liberté de conscience, qui est le résultat de la grande révolution qui s'est faite dans notre pays? non assurément : liberté de conscience, liberté par conséquent de contracter envers Dieu, envers l'Église tels engagements qu'on croit devoir prendre, liberté entière, incontestable. Oui, votre conscience a le droit de vous guider, de vous conduire, de déterminer votre volonté à vous soumettre à une règle religieuse, à vivre en commun avec d'autres personnes religieuses. Voilà le principe au seul regard, de la liberté individuelle de conscience, voilà la conséquence de la plénitude du droit qui résulte de notre ordre de choses.

Au regard de l'État, entendons-nous bien : l'État respecte, et doit respecter cette liberté. Toutefois, il n'y a pas de liberté qui se puisse exercer dans un pays par le droit sacré d'un particulier, si cela peut porter ombrage à la sécurité publique. Là est la limite nécessaire de toute liberté, de la liberté politique comme de la liberté religieuse. A n'envisager l'engagement dans une communauté qu'au point de vue de la conscience, je dis que la loi de mon pays, que les principes de constitution de mon pays me donnent le droit de me faire moine, si je veux vivre sous une règle, me soumettre à toutes les austérités, à toutes les privations que m'impose ma conscience pour faire une œuvre que je crois agréable à Dieu ; j'ai cette liberté incontestable.

Mais cette liberté n'est pas une abstraction, je ne suis pas une abstraction vis-à-vis des hommes ; je vis dans le sein d'une société ; j'ai des citoyens à côté de moi ; j'ai une loi, un gouvernement, une autorité publique. Il est évident que l'usage de cette liberté qu'on me reconnaît, en vertu de laquelle je puis prendre les engagements dont je viens de parler, si cet usage est reconnu dangereux, à l'instant même, une limite lui est imposée. Voilà la distinction introduite dans nos lois. Quand une communauté religieuse a demandé l'autorisation du gouvernement, quand cette communauté, dans son esprit, dans son but, dans toute sa règle, dans toute sa raison, a été appréciée, vérifiée par le pouvoir public et qu'elle a été autorisée, que sa personnification publique a été constituée, on ne peut plus la détruire par l'arbitraire. C'est alors qu'il est écrit dans la loi que la communauté ne pourra être dissoute qu'en vertu d'une loi. Quand cette sanction du pouvoir public n'a pas été donnée à une congrégation, quand on attend pour la juger par ses œuvres, pour savoir si on lui donnera une existence personnelle dans l'État, ou si on la lui refusera ; tant qu'elle est dans cette situation de préexistence, l'État respecte la liberté incontestable qu'elle a de vivre : mais il observe cette liberté, cette existence de la communauté non autorisée, non sanctionnée par le pouvoir, et si cette liberté et cette existence deviennent menaçantes pour le pouvoir politique, le pouvoir politique dissout la communauté ; il en a le droit. Par simple ordonnance, la communauté est dissoute : il n'est pas besoin de loi pour la disperser. Vous avez votre liberté sans doute, vous n'avez pas voulu la placer sous la protection de la loi pour recevoir la consécration de la personnification civile et politique ; vous avez votre liberté, mais votre liberté je la trouve nuisible, je vous dissous. C'est ce qu'on a fait, ce qu'on a droit de faire, parce qu'il n'y a pas de liberté si sacrée et si respectable qu'elle soit, qui ne doive être subordonnée à l'État. Telle est la situation des sociétés non autorisées. Leur liberté est soumise au pouvoir public, à sa vigilance, à son omnipotence.

Que si, au contraire, loin de porter ombrage au pouvoir politique, des congrégations religieuses, des personnes libres font le bien, elles seront protégées, l'État ira même chercher dans leur sein des instruments pour faire le bien de son côté. Quoique non autorisées, l'État les protégera, l'État les emploiera ; il reconnaîtra incontestablement leur liberté d'être. Pour ne parler ici que de la congrégation de Picpus, allez interroger les inspecteurs de l'instruction primaire, interrogez le maire du 8ᵉ arrondissement, allez lui demander ce que c'est que cette école gratuite où 3 ou 400 enfants sont réunies par les sœurs de Picpus, au fond du faubourg Saint-Antoine, enfants des pauvres, appartenant à ces familles vouées à la souffrance et au travail, et qui ne peuvent pas surveiller leur éducation, les mettre à l'abri de la misère ou du désordre. Oui, allez demander aux inspecteurs primaires et au maire du 8ᵉ arrondissement, ce qu'ils pensent de cette école où les enfants sont en partie nourries et vêtues par la congrégation de Piepus, et reçoivent une éducation dirigée par la même sœur depuis 40 ans, la sœur Médérique Martin. Allez aux plus turbulents, aux plus mécontents des ouvriers de ce quartier ; demandez-leur ce qu'ils pensent de cette sœur dévouée, des bienfaits de l'éducation qu'elle dirige, de l'hospitalité que leurs enfants reçoivent dans cette sainte maison ; allez-leur demander si c'est un établissement funeste, une congrégation illicite, illégale qu'il faille détruire ; allez leur demander si cette maison, qui compte 40 années d'existence, doit être fermée, et si la sœur Médérique, qui la dirige, doit être expulsée du faubourg !

Ce n'est encore, remarquez-le bien, Messieurs, qu'au point de vue politique que j'examine la question des congrégations religieuses et les actes de celle de Piepus. Je vais vous montrer comment onze religieuses parties de Piepus, embarquées par le gouvernement, pour aller aux îles Sandwich porter les premiers bienfaits de la charité chrétienne et de la civilisation dans le cœur du sauvage, périrent dans un naufrage : prétendez-vous que le gouvernement ne connaissait pas leur existence? Vous dirai-je que trois autres religieuses ont été prises par l'État dans l'ordre de Piepus pour aller en Australie conquérir à la civilisation ces intelligences barbares, et leur faire bénir le nom français? Nous avons une garnison aux îles Marquises : quand l'amiral Dupetit-Thouars partit pour aller prendre possession de ces îles, qui lui donna-t-on pour l'accompagner? Des missionnaires de cet ordre en robe noire de la tête aux pieds. Voilà les hommes dont on se sert pour nous faire respecter des populations sauvages et pour introduire parmi elles la civilisation française. Ce sont encore trois prêtres de Piepus qui ont été constitués par le gouvernement aumôniers de la garnison de Nouka-Hiva. Il y a aux îles Gambier un délégué du gouvernement français (il a ce titre et cette qualité), à qui demande-t-on ce délégué? à la congrégation de Piepus. Tout récemment dans l'Océanie, monseigneur Doumergue a été décoré pour les services immenses qu'il a rendus à l'État dans ces parages inhospitaliers, en y faisant passer par la religion les idées de notre existence politique et commerciale.

Ce n'est pas seulement à Piepus que je trouverais des exemples sans nombre de l'emploi que fait le gouvernement de ces congrégations religieuses, et par conséquent du respect qu'il a pour celles mêmes qui n'ont pas reçu l'investiture légale, civile et politique, qui sont sans autorisation. Qu'a-t-il fait il n'y a pas longtemps? Il a voulu aller aux extrémités les plus reculées, les plus dangereuses et les plus malsaines de nos possessions d'Afrique, donner des leçons pratiques de culture, et fonder des établissements qui pussent servir de modèles aux Français aventureux qui voudraient s'y fixer? A qui s'est-il adressé? aux trappistes ; il les a priés d'aller s'établir à Staoueli. Ainsi c'est une société non autorisée qui a été amenée là par le gouvernement ; ce sont des membres de cette société qui, tout en demeurant fidèles à leur règle, ont été soutenus, protégés par le gouvernement. Hélas! il y a eu bien des victimes parmi les trappistes pour arriver à la fondation de l'établissement qui se développe magnifique aujourd'hui !

Nous venons de faire une grande guerre, nous venons de Crimée. Nos soldats ont été là comme partout admirables, héroïques dans la traversée, pleins de vigueur dans l'attaque, de fermeté dans toutes les péripéties de la guerre, d'impassibilité au milieu des rigueurs du climat, de la contagion, de la maladie.

Eh bien! quels étaient ces deux aumôniers qu'on a admirés marchant dans les rangs ou assis sur un affût de canon au milieu d'une grêle de balles? Deux jésuites, le père Domas et le père Parabère, qui avaient été demandés à la compagnie des jésuites par le gouvernement, pour aller faire ce que nos soldats ne pouvaient faire : donner des consolations aux blessés et aux mourants.

Il y a un grand établissement à Cayenne. Là sont des êtres réprouvés de la société, mis en dehors de son sein, à jamais aigris et révoltés par la misère et la dépravation contre les nécessités sociales, contre le secret de l'inégalité des conditions de la vie humaine que Dieu seul connaît. Les voilà au loin séparés par l'Océan de toute société humaine sous un climat très dur, si dur qu'il a fait hésiter si on persisterait à y établir un pénitencier. Eh bien! il faut des hommes qui réconcilient ces malheureux avec la société, qui fassent pénétrer quelques sentiments dans ces cœurs exaspérés, il les faut : à qui va-t-on proposer d'aller braver les rigueurs mortelles de ce climat? à qui va-t-on s'adresser? Est-ce à des philantropes? Non, non, à la compagnie de Jésus. Sur l'appel qui lui a été fait, 200 de ses membres se sont présentés pour aller s'immoler sous ce climat meurtrier; le gouvernement en a pris 25 !

Voilà ce qui se passe au point de vue du regard politique, voilà comment doivent être jugées les congrégations religieuses. Le pouvoir administratif de notre pays respecte la liberté de tous les établissements religieux. Si sa pensée est qu'ils sont dangereux, il les dissout; il en a le droit; si leur institution est utile, leur existence matérielle, leur existence de fait est respectée en dehors de toute consécration légale. On a même recours à eux pour faire le bien, on y a recours toutes les fois qu'on le croit utile. Telle est la situation de sociétés non autorisées au regard politlique.

Arrivons maintenant à ce que sont les communautés non autorisées au regard du pouvoir judiciaire. Ici il en est autrement. Ce n'est pas sur des considérations d'appréciation utiles ou nuisibles, avantageuses ou préjudiciables à la société que les tribunaux sont appelés à juger les contrats qui interviennent, c'est en vertu du droit positif, c'est d'après des principes certains, fixes, infranchissables. Aux congrégations non autorisées, quand une donation leur est faite, le pouvoir judiciaire dit : Je ne vous connais pas, vous n'êtes pas. Que vous ayez une existence de fait, je le vois bien, je le sais bien, mais n'étant pas autorisées vous n'avez pas une existence de droit comme corps, comme êtres collectifs. En conséquence, si on vient me dire : Une donation a été faite à une société non autorisée, moi, juge, je réponds : Il est contre tous les principes qu'une propriété en France repose sur une tête qui n'existe pas, toute propriété doit avoir un maître certain ; par conséquent, si une donation est faite à qui n'a pas d'existence légale, de personnification propre, mais une existence de fait et innommée, je ne la connais pas et je déclare la donation nulle, parce qu'on ne peut pas faire une attribution à quelqu'un qui n'a pas une existence légale. J'apercevrais qu'une donation qui n'étant pas faite directement au nom de telle ou telle congrégation non autorisée, le serait au nom d'une personne qui, au lieu de la recevoir pour elle-même, devrait la transmettre à la congrégation, je dirais qu'il y a là un fidéi-commis, un mandat de transmission, et que cela étant fait pour investir l'être qui n'a pas d'existence légale, doit être nul. J'irai plus loin, je veux aller très loin : comme magistrat, comme juge, on vient devant moi me dire : J'ai vendu, ou mon père a vendu à une communauté non autorisée pour que cette communauté devînt personnellement propriétaire, elle qui n'est pas une personne. La propriété lui a été vendue moyennant tel prix, j'aurais un très grand avantage à ce que cette propriété me rentrât, je voudrais demander la nullité de la vente, me fondant sur ce que dans cette circonstance le contrat même à titre onéreux doit être brisé : je répondrais, dans ce cas: Le contrat même à titre onéreux, quand il s'agit de faire porter la propriété sur une personne qui n'a pas d'existence légale, est nul. Mais ce principe n'a aucune application dans la cause. Invoquez-vous contre nous ce qui est en jurisprudence fondée sur la raison judiciaire, c'est-à-dire la jurisprudence qui consiste à déclarer nuls les actes qui ont pour objet de transporter fictivement la propriété sur la tête de gens qui n'ont pas d'existence légale? Je reconnais cela parfaitement, mais arrivons à la question qui nous occupe.

Je vous le disais, c'est la première fois que ces questions, qui agitent les esprits, ces querelles, ces difficultés, ces contestations qui étaient ensevelies dans le silence du cloître, sont dévoilées au grand jour. Jusque-là le monde les ignorait, il n'y avait pas de scandale. Le plus grand malheur c'est que ce procès intenté par une religieuse à des religieuses, sur les conseils de ce Villiaume, de Rome, ait donné lieu à des débats inutiles mais déplorables, qui peuvent égarer les esprits, les faire sortir de la voie dans laquelle nous avons besoin de demeurer, je veux dire de la voie du droit, de la raison, de la conciliation et des principes d'ordre nouveau sur lesquels repose la société française. Ces débats enregistrés par les journaux, divulgués en public après l'avoir été devant les magistrats, causent un grand, un regrettable scandale.

Mais enfin voyons ce qu'il en est de ce procès. Si l'autorité ne reconnaît aucune existence à la communauté qui n'a pas reçu la sanction de l'État, elle ne nie pas la capacité propre, particulière de chacune des personnes qui sont dans cette communauté. La capacité personnelle est assurément incontestable aux yeux de tous et elle est entière. Il n'y a pas de doute que chacune des personnes qui sont dans cette communauté religieuse, qui y sont entrées en vertu de leur liberté, qui y demeurent très licitement sous la protection ou au moins avec la tolérance éclairée du gouvernement, il n'y a pas de doute que chacune de ces personnes jouit de la totalité de ses droits civils, du droit commun.

Eh bien! la capacité individuelle, quelle en est la conséquence? C'est qu'assurément les religieuses peuvent stipuler pour elles-mêmes. Il ne sera pas dit que le contrat qu'elles forment soit uniquement pour transmettre leurs biens à l'être innommé dont elles font partie. Jouissant de la capacité de stipuler pour elles-mêmes, elles peuvent s'engager vis-à-vis l'une de l'autre, contracter une obligation commune, s'associer pour une même œuvre, pour mettre en commun leur existence, leurs sacrifices, leurs travaux, leurs espérances; elles ont le droit de prendre un engagement réciproque, de former en un mot un contrat commutatif: voilà la question du procès.

Le droit des religieuses qui ont stipulé mutuellement ne peut pas être dénié. Il a été contesté une ou deux fois au point de vue de l'engagement respectif, synallagmatique, mais il a été reconnu par les arrêts mêmes que nos adversaires produisent. C'est ainsi que dans la consultation de l'honorable M. de Vatimesnil, je vois ce qui a été jugé à Rouen dans une affaire semblable:

« Attendu, a dit la Cour, que si avant l'époque de 1827, la personne qu'elles avaient choisie pour leur supérieure a reçu quelques sommes d'argent au nom de madame Letourneur, en vertu d'un mandat notarié du 8 mars 1821, ces sommes ont en réalité été perçues pour le compte de la société et pour l'emploi n'ayant rien d'illicite, qui leur avait été assigné par les statuts qui régissaient la Société ayant au moins une existence de fait ; que la dame Letourneur qui s'était volontairement soumise à ces statuts en entrant dans la société n'avait pas eu de compte à demander desdites recettes.... »

Pourvoi contre cet arrêt.

« Attendu, a dit la Cour de cassation, qu'il résulte de l'arrêt attaqué, qu'avant l'ordonnance d'autorisation, les religieuses bénédictines de Caen vivaient en communauté, que la dame Letourneur en faisait partie, et que les revenus dont il s'agit ont été touchés pour le compte de la communauté et pour l'emploi licite qui leur était assigné par la volonté commune des partis ;

» Attendu que la dame Letourneur, qui s'était ainsi volontairement soumise aux conditions de la vie commune et avait consenti à la perception et à l'emploi desdites sommes, n'aurait pas pu, dans les termes du droit commun, en demander la restitution, et que ses héritiers ne peuvent avoir à cet égard plus de droit qu'elle n'en aurait eu elle-même. »

Dans une affaire dont on s'est beaucoup prévalu au point de vue du débat actuel, l'affaire Pitrat, la Cour de Lyon avait pensé que la dot d'une religieuse avait été valablement payée. Pourquoi? parce qu'il y a réciprocité et il n'y a pas de doute pour tous les tribunaux et toutes les cours de l'empire, que le fait d'une religieuse entrant dans une communauté est le résultat d'un contrat qui doit être respecté.

On s'est encore pourvu contre cet arrêt, mais la Cour de cassation a rejeté le pourvoi.

« Considérant, a-t-elle dit, en droit, que la constitution de la dot d'une religieuse doit résulter d'une manifestation formelle de volonté, et qu'elle ne saurait être acquise à la communauté de plein droit et par le seul effet de l'entrée en religion. Mais, considérant que, dans l'espèce, il est reconnu de fait qu'Anne Pitrat, religieuse des ursulines de Lyon, par un règlement du 16 décembre 1825, que la Cour royale a déclaré sérieux et sincère, se serait reconnue débitrice d'une somme de 10,000 francs à titre de dot, que cet acte supplée au défaut d'acte passé lors de l'entrée en religion entre ladite Anne Pitrat et la communauté, et révèle l'intention réciproque des parties. Rejette, etc. »

Le résultat de l'association et du pacte commutatif s'est montré à l'égard des acquisitions de propriétés faites par des personnes appartenant à des communautés qui ne peuvent pas acquérir en leur nom personnel. Une ou deux sœurs acquièrent sous leur nom une propriété pour la société dont elles font partie : si le vendeur veut contester la validité de l'acte, il le pourra, mais s'il ne le fait pas, le contrat restera commutatif. J'ai là quatre arrêts de 1851, 1852, 1853 et 1854 tous relatifs à ces réciprocités d'engagement.

Mais, nous dit-on, vous ne pouvez être en société parce que vous n'avez pas de bénéfices en vue et que c'est là un des éléments constitutifs d'une société. Rassurez-vous, il y a un but matériel, même dans les associations religieuses. Ce but c'est la sécurité de la vie, c'est mon repos, c'est une retraite assurée que j'ai cherchée en entrant en religion. La loi me couvre de sa protection dans l'asile où je prie en liberté. C'est le pain de chaque jour, ce sont les vêtements, ce sont les secours matériels dans la maladie que j'ai eu l'intention de m'assurer en entrant dans une congrégation religieuse. Ainsi ce n'est pas un but uniquement moral, uniquement pieux qui m'a fait entrer dans l'association ; c'est aussi un but matériel, celui de la sécurité de l'existence, de l'assistance. Il sera pourvu à tous les besoins de ma vie ; tel est le but matériel de l'engagement qu'on a pris envers moi, aux termes de l'article 1832, quand je me suis associée.

La Société n'a pas pu se former, nous dit-on encore, malgré la capacité des personnes, parce qu'elle n'a pas eu une constitution valable. Comment la constitution n'a pas été valable ! — Non, la volonté n'était pas libre, le principe est la base du vœu d'obéissance, l'abnégation de la personnalité, la soumission de sa volonté à la volonté d'autrui.

Avant d'examiner les conséquences du contrat, voyons le contrat se former.

Est-ce par ma libre volonté que je me suis soumise à la volonté d'autrui ? Oui, par ma volonté libre.

Ah ! dites-vous, cette liberté, cette volonté tient à une exaltation, à des idées, à des exagérations qui égarent la pensée elle-même. Il y a eu une contrainte morale qui a agi sur votre volonté et vous a fait accepter l'engagement social dans lequel vous êtes entré.

Arrêtons-nous : les affections purement humaines ont leur empire aussi sur la volonté. Tous les jours nous voyons des actes inspirés par l'exagération ou l'égarement même de ces affections : je ne parlerai pas seulement de celles qui sont respectables parce qu'elles sont innocentes ; j'irai plus loin, je parlerai des affections perverses, des affections coupables. Je parlerai des dispositions faites en faveur d'une concubine, prétendrez-vous dire que la passion criminelle a altéré le principe de la volonté ? et parce que c'est une femme aimée dans le désordre, direz-vous que la donation qui lui a été faite est nulle, que c'est en obéissant à un sentiment vicieux que la volonté se sera manifestée ? Non, il n'y a eu ni dol ni captation, la volonté a été libre, vous ne briserez pas le testament fait au profit de la concubine. Et quand vous me parlez de Dieu, de l'amour de Dieu, du bonheur de ceux qui se vouent à son Église, de la consécration de leur vie à une espérance éternelle vous soutiendriez que leur volonté n'est pas libre ! Honneur et respect à la volonté qui enrichit la courtisane, pas de liberté pour celui qui veut se consacrer à Dieu, à la charité, au soulagement de la misère et des douleurs, dans un temps, dans un siècle où tant de cœurs sont froissés, tant d'illusions sont détruites et ont besoin des consolations de ceux qui prient !... Ah ! puisque nous avons la liberté de soulager les malheureux, ne les abandonnons pas à la misère, au désespoir, ne les laissons pas sans asile, ouvrons-leur bien vite ces maisons où le repentir et la douleur puissent aller se cacher en invoquant les bénédictions du ciel. Non, non, ne dites pas que ceux qui sont engagés de la sorte n'ont pas contracté un engagement respectable ; le contrat ainsi formé est un contrat valable ou il n'en fut jamais.

Arrivons à la dernière objection.

On nous dit : Quand vous faites un apport dans une congrégation religieuse, c'est une donation que vous faites au profit de l'association, de l'ensemble des individus qui constituent cette association non autorisée. Vous agissez dans toute votre liberté, dans toute votre capacité, c'est vrai, mais votre apport dans cette société est une donation sur laquelle vous ne pouvez plus revenir.

Je réponds : Non il n'y a pas donation parce qu'il y a réciprocité, il n'y a pas donation quand il y a avantage réservé. S'agit-il du testament d'une religieuse au profit de la communauté dont elle fait partie? oh ! alors comme la disposition testamentaire ne maintient pas la testatrice dans la jouissance continue de tout ou partie de ce qu'elle donne dans son testament, c'est la seule pensée de donner qui a dirigé l'acte testamentaire, et l'acte testamentaire est nul parce qu'il détruit toute espèce d'idée de réciprocité, parce qu'il n'a d'effet qu'après la mort et alors la disposition est purement et simplement faite en faveur de cette communauté qui n'a pas l'existence légale; le testament devra être déclaré nul, je le reconnais. Mais la donation entre-vifs a ses caractères. Qu'est-ce que c'est que l'acte par lequel on se dessaisit actuellement, irrévocablement (c'est là la définition de la loi)? Il n'y a pas donation quand il y a échange, il n'y a pas donation quand il y a engagement réciproque, il n'y a pas donation lorsqu'il y a stipulation de réserve, d'avantages personnels et consécration de ces avantages personnels. Il n'y a donation et c'est là ce qu'il faut bien reconnaitre, ce sur quoi je ne saurais trop insister, que quand un acte est fait dans la seule volonté de donner, en se dessaisissant complétement, irrévocablement, de la manière la plus absolue.

Ainsi l'apport d'une religieuse dans une communauté n'est pas une donation : c'est un échange, une réciprocité ; écartons donc cette dernière objection. La mise en commun de la fortune de plusieurs personnes associées dans le même but ne saurait être annulée sous prétexte que c'est une donation.

Ceci dit, qu'est-ce qu'il y a eu dans l'espèce qui nous occupe? Il y a eu société, société valable ; elle a été acceptée par des personnes capables, par des personnes libres ; cette société a été pratiquée pendant trente-cinq ans, elle réunit donc toutes les conditions de validité possibles.

Cette société-là vous voulez en sortir, et vous voulez exercer contre elle des répétitions. S'agit-il d'obtenir contre elle une condamnation? Je vous oppose tous les faits de la cause. Votre demande ne s'appuie sur rien, n'est justifiée par rien. Vous ne prouvez pas que vous ayiez donné une somme déterminée, vous ne dites pas à qui, par qui vous avez donné une somme déterminée. Vous avez parlé de capitaux qui vous auraient appartenu, vous avez parlé d'immeubles qui vous auraient également appartenu. Je vous ai montré que dans tout cela ne se trouvait pas la preuve que vous avez à faire. Vous avez parlé de Chartres, de Saint-Servan, de Nantes, je vous ai prouvé par l'extrait des livres en ce qui concerne Nantes que les payements avaient été faits en plusieurs années et non à l'aide d'un capital qui aurait été mis à la disposition de la société; que d'ailleurs le capital que vous prétendez avoir employé à cela, serait celui de vos indemnités. Eh bien ! ce capital avait pour moitié une destination spéciale en vertu d'un testament, d'une loi de famille que vous avez dû respecter. Je vous l'ai dit, à la dernière audience, je ne veux pas vous faire l'injure d'admettre que vous ayiez violé les conditions du testament de M. de Guerry, que vous ayiez employé ses indemnités à autre chose qu'à payer ses dettes et que vous en ayez remis le reliquat en d'autres mains que celles de son neveu. Non, vous n'avez pas violé ce pacte de famille.

Et puis vous sortez de la société dans les conditions les plus défavorables, en vous en appropriant les archives qui appartenaient à d'autres. Vous le constatez vous-même par les publications que vous produisez. Vous constatez également par votre correspondance que vous avez enlevé les inscriptions de rentes qui sont la représentation des capitaux que vous aviez apportés, et vous osez en exercer la répétition contre nous sans apporter la moindre justification !

Quant à l'emploi des revenus, je vous oppose la condition sociale, l'engagement réciproque, la libre disposition que vous aviez de votre chose, de votre fortune ; vous aviez une indépendance absolue. Vous avez disposé de vos revenus annuels comme vous l'avez entendu, dans votre volonté privée, sans contrôle, sans consulter personne. Vous n'en pouvez indiquer aucune, vous étiez l'économe générale, l'administratrice suprême de la communauté ; que venez-vous donc réclamer ? La dissolution de la société ? Vous en avez le droit incontestable, mais ce droit de demander la dissolution d'une société dont la durée est illimitée est soumis à des conditions. L'article 1869 dit, à la vérité, que les sociétés d'une durée illimitée peuvent être dissoutes à la volonté d'une des parties contractantes, et vous n'êtes pas esclave en vertu de votre lien religieux, ce lien ne vous contraint pas à rester toujours dans une société même illimitée, vous avez le droit d'en sortir. Mais à quelle condition pouvez-vous demander la dissolution et faire autre chose que vous retirer en emportant ce qui vous appartient ? La loi vous le dit, à condition que vous sortirez en temps opportun et non pas en contre-temps. Or, est-ce de bonne foi et en temps opportun que, sous l'influence de ces conseils funestes, de ces résistances à toutes les autorités spirituelles, de ces luttes acharnées contre le sacré collège, contre les évêques français, contre l'archevêque de Paris et même contre le saint-père qui s'est exprimé d'une manière si ferme dans ce dernier bref de 1856 que vous avez imprimé à la fin de vos brochures ; est-ce de bonne foi quand, avant de sortir de la communauté, vous en violez la règle en la laissant deux années sans supérieure générale ? Est-ce de bonne foi que vous luttez obstinément dans l'unique but d'avoir une supérieure de votre choix à laquelle vous pourrez donner des conseils ? Est-ce de bonne foi qu'avant de sortir de la communauté, vous en avez enlevé tous les titres, tous les registres, tous les papiers, toutes les correspondances ? Est-ce de bonne foi que vous venez en demander la liquidation, quand vous l'avez dépouillée de tous les moyens de discuter avec vous comment cette liquidation peut se faire ? Non, ce n'est pas de bonne foi. Donc, sous le premier rapport, vous n'êtes pas recevable aux termes de l'article 1869.

Maintenant demandez-vous la liquidation en temps opportun ? ne la demandez-vous pas à contre-temps ? car la liquidation de la société doit se faire non selon votre volonté, mais selon son plus grand intérêt, je veux dire selon l'intérêt du plus grand nombre. Voilà ce qui sert à déterminer l'opportunité de la dissolution, et jamais la volonté ou le caprice d'un seul.

Or, dans cette cause, est-ce à contre-temps ou non, quand vous vous retirez avec une vingtaine de sœurs, et qu'il en reste 1,300 disséminées dans toute la France ? Quand vous êtes sortie, est-ce dans l'intérêt commun de la société ? Non, évidemment, votre sortie est donc comme votre demande, sans bonne foi, à contre-temps, contre l'intérêt commun de la société. Vous ne pouvez donc pas demander la dissolution et la liquidation.

Ah! plutôt réconciliez-vous avec votre règle religieuse ; ne vous mettez pas en lutte ouverte contre toutes les autorités spirituelles. Religieuse, revenez aux pieds de l'archevêque de Paris, de vos supérieurs ecclésiastiques, et demandez-leur pardon des fautes que vous avez commises. Religieuse, obéissez comme madame Coudrin ; obéissez comme madame de Jousserant; obéissez comme la supérieure actuelle, madame Aymer de la Chevalerie; obéissez comme les nièces, les proches parentes des fondateurs, comme celles qui tiennent par les liens du sang aux fondateurs, et qui n'y tiennent pas moins par les liens du cœur. Elles auraient voulu, elles aussi, qu'il ne fût rien changé aux règles primitives; mais avant tout elles se souviennent qu'elles sont religieuses : le saint-père a parlé, elles se soumettent, je ne dirai pas seulement avec résignation, mais avec déférence et sans arrière-pensée, à l'autorité du saint-siège, tout en disant qu'elles regrettent une règle qui était la pensée des fondateurs.

Faites cela à votre tour, et si vous en obtenez du saint-siège l'autorisation, fondez une congrégation nouvelle, enrichissez-la des biens que vous possédez actuellement, des biens qui sont la propriété apparente de madame Constance Jobert, de madame Célinie de Constant, et vous aurez de quoi la faire opulente. Mais n'espérez pas détruire, anéantir l'asile que vous avez quitté; n'espérez pas le faire briser par une dissolution et par une liquidation désastreuses; n'espérez pas obtenir une condamnation injuste. Non, la communauté est utile, elle doit subsister, elle subsistera par le droit le plus sacré, en vertu de la capacité individuelle de ses membres. Le gouvernement pourra la détruire si elle devient nuisible, menaçante ; il pourra la dissoudre, en séparer, en disperser les membres; le gouvernement pourra faire cela ; mais quant aux tribunaux, ils resteront dans les limites de leur droit; ils seront obligés de reconnaître la validité d'un contrat commutatif, et ils le feront respecter en vous déclarant non recevable dans toutes vos prétentions.